现代企业发展与经济管理创新策略

孙贵丽　著

吉林科学技术出版社

图书在版编目（CIP）数据

现代企业发展与经济管理创新策略 / 孙贵丽著. -- 长春：吉林科学技术出版社，2022.1
ISBN 978-7-5578-8605-9

Ⅰ. ①现… Ⅱ. ①孙… Ⅲ. ①企业发展－关系－企业管理－创新管理－研究 Ⅳ. ① F272.1 ② F272

中国版本图书馆 CIP 数据核字（2021）第 162285 号

现代企业发展与经济管理创新策略

著　　者　孙贵丽
出 版 人　宛　霞
责任编辑　端金香
封面设计　皓　月
制　　版　刘　佳
幅面尺寸　170mm × 240mm　1/16
字　　数　139 千字
页　　数　150
印　　张　9.5
印　　数　1-1000 册
版　　次　2022 年 1 月第 1 版
印　　次　2022 年 1 月第 1 次印刷

出　　版　吉林科学技术出版社
发　　行　吉林科学技术出版社
地　　址　长春市福祉大路 5788 号出版大厦
邮　　编　130118
发行部电话 / 传真　0431-81629529　81629530　81629531
81629532　81629533　81629534
储运部电话　0431-86059116
编辑部电话　0431-81629517
印　　刷　三河市嵩川印刷有限公司

书　　号　ISBN 978-7-5578-8605-9
定　　价　60.00 元

前 言
PREFACE

依据传统经济学理论，企业的发展状况能够客观地反映出整个社会的经济发展与科学技术进步等状况。现阶段，全球经济处于一个“开放性系统”中，企业已经逐渐成为经济社会发展的关键性力量。随着我国市场化改革，特别是“供给侧结构性改革”的不断深化，对企业生产经营提出了新的更高的要求，特别是在激烈的市场竞争环境下，企业要想实现科学、健康、持续发展，必须大力加强经济管理。

企业发展与经济管理之间存在着密切的联系，两者互相影响、互相促进、互利共赢，是一种和谐性的促进关系，尤其是在当前的经济环境中，企业的发展会遇到各种各样的挑战，对企业发展与经济管理进行分析，不仅有利于把经济管理的作用发挥到实处，更有利于促进企业的可持续发展。

基于此，本专著从经济管理入手，以现代企业管理与创新、企业文化与企业发展、经济管理与企业可持续发展、多元视角下企业经济管理创新等内容为切入点进行探讨，提出了一些企业发展及经济管理的创新策略。

目　录

CONTENTS

第一章　经济管理基础

在当前全新的环境和形势下，企业面临着更为复杂的经营环境和严峻的市场挑战，创新企业的经济管理，为企业的生产经营提供更多的支持已经成为一种极为迫切的需求。

第一节　经济管理的基本知识

一、经济管理的性质和原则

福利经济学和微观经济学构成公共部门经济学学科的理论和方法论基础。根据荷兰学者汉斯·范登·德尔和本·范·韦尔瑟芬在《民主与福利经济学》一书中的说法，福利经济学的核心主题是一个团体中的个人的共同福利（共同福利包括由经济所决定的团体的幸福），它包含三种因素：各种条件的公式化约束；关于以上条件如何被团体中的机构加以实现的研究；对于现存的团体机构的贡献及现存的团体福利政策的批判性评价。福利经济学不仅关心公共政策（政治）对于社会价值的分配，而且关注由此带来的社会收益和社会成本问题，从稀缺性方面观察社会价值的分配。帕累托、巴罗、兰格、丁伯根和鲍莫尔等福利经济学家研究的重点：一是为实现社会福利最大化状态的条件下定义；二是关于一个经济（秩序）的组织如何影响全体社会成员的福利问题。福利经济学是围绕“共同利益问题”“公共分配问题”和“社会福利问题”构建起来的，在关注社会财富增长的同时，更关注在其基础上的财富分配即社会福利问题。尽管有阿罗的“不可能性定理”以及来自各方面的批评，但在公共部门经济学当中大量使用“效用”“效用函数”“帕累托改进”“帕累托最优”及“社会福利函数”等福利经济学中的基本术语。福利经济学还是对公共部门经济活动进行规范分析的理论基础。

“福利经济学从抽象的角度来说，主要讨论的是社会选择标准的界定、收入的再分配及资源的优化配置。从现实的角度来说，福利经济学利用这种标准来评价以不同制度（主要是政府和市场）为基础的经济，以便确认最理想经济的学科。”福利经济学的框架建立在社会选择标准的基础之上，这包括配置效率和帕累托效率。满足这项原则的必要条件、公平理论及实施的原则、社会福利函数及各个学派的公式、社会最优选择等。

公共部门经济学运用福利经济学的有关理论分析了政府现实的政治、经济制度中，从微观经济层次角度，对垄断、外部性、公共产品、收入不公平等社会现象进行剖析，提高政策运行效率，由政府针对市场中存在的“市场失灵”等问题，制定微观经济政策，实现收入的公平分配；从宏观经济层次的角度，在封闭的经济中，制定货币政策、财政政策、收入政策和价格政策，保证经济的平稳运行。在开放的经济中，政府通过对货币及汇率制度进行国际标准化的管理，实现国际收支平衡。

微观经济学考察作为消费者的个人和公司在市场中的行为（而宏观经济学研究总体或集合经济并检查如通货膨胀和失业一类的政策问题）。“微观经济学研究家庭和企业如何做出决策，以及他们在某个市场上的相互交易；宏观经济学研究整体经济现象。”在经济分析中以单个经济主体（作为消费者的单个家庭、作为生产者的单个厂商、作为消费者和生产者完成交易的单个市场）的经济行为作为研究对象的，称为微观经济学。微观经济学将经济行为的基本主体分为两大类：个人和企业。个人一方面是消费者，另一方面是生产要素（劳动、资本、土地、才能）的所有者；企业即生产单位，一方面是商品的生产者，另一方面是生产要素的需求者。微观经济学研究这些经济行为主体，如何在一系列既定的假设条件下，在市场机制中，通过价格机制，最终实现自己利益的最大化和资源的最佳配置，并使经济达到一般均衡。

微观经济学框架，即通过对微观个体经济单位的经济行为的研究，来说明现代西方经济市场机制的运行和作用，以及改善这种运行的政策途径。这一框架由以下理论构成：消费者行为理论、均衡价格理论、生产和成本理论、市场结构理论、生产要素收入分配理论、一般均衡理论等。这些理论为公共部门经济学的实证研究提供可以直接使用的分析工具。“公共部门经济学的发展，是限制在微观经济学理论的知识范围内的。微观经济学理论，尤其是一般均衡分析的发展，在20世纪50年代使公共部门经济学发生了质的飞跃。公共部门经济学目前的理论发展，应直接归功于微观经济理论。”

借助于微观经济学理论和分析工具，公共部门经济学家根据最基本的前提条件运用演绎法和数学模型，运用各种行政手段，解决在市场经济运行中存在的“市场失灵”问题，使各种资源得到最优化的配置，以社会效用最大化为目的来讨论政府的微观行为。其中包括估算政府制定政策的机会成本与沉淀成本和取得社会效益的最大化以及指导其他微观主体的社会行为等等。微观经济学是使公共问题的争论转化为实证分析的有效途径，目的在于提高公共决策的科学性和合理性程度。经济管理是指管理者或管理机构为了达到一定的目的，对社会经济过程进行预测、决策、计划、控制和监督等各项实践活动的总称。经济管理是人们进行共同劳动的客观要求。经济管理是一个庞大而复杂的系统，是一个统一的有机整体。经济管理具有二重性，即自然属性和社会属性。前者是指经济管理反映协作劳动、社会化生产和生产力发展需要的性质；后者是指经济管理反映社会生产关系发展需要的性质。经济管理的二重性原理是由马克思首先提出的。管理的二重性是由生产的二重性决定的。经济管理的自然属性是经济管理的共性，经济管理的社会属性是经济管理的个性，经济管理的二重属性是同一管理过程的两个不同方面。学习和掌握经济管理的二重性原理，有助于我们探索和认识社会主义经济管理的客观规律，发展和完善中国特色社会主义经济管理学；有助于我们在社会主义现代化建设和社会主义市场经济的发展中坚持正确的方向；有助于我们加深理解“对外经济开放”的方针，正确对待资本主义的经济管理经验和方法。

经济管理的原则，是经济管理中观察和处理问题的规范和标准。经济管理的基本原则主要有：遵循客观规律的原则、物质利益原则、最佳效益的原则。

二、经济管理的职能

（一）要明确政府的经济管理职能有哪些

只有明确了政府经济管理职能的范围，政府在管理经济时才能明确“哪些可为，哪些不可为”。经济职能是行政管理最重要的职能，经济职能作为上层建筑必然要为经济基础服务。政府的大量工作是对国家经济进行管理，包括合理配置资源、保持经济均衡发展提高国力、促进社会进步、改善民生等。党的十四届三中全会《关于建立社会主义市场经济体制若干问题的决定》指明：“政府管理经济的职能，主要是制定和执行宏观调控政策，搞好基础设施建设，创造良好的经济发展环境。同时，要培育市场体系，监督市场运行和维护平等竞争，调节社会分配和组织社会保障，控制人口增长，保护自然资源和生态环境。管理国有资产经营，实现国家的经济和社会发展目标。政府运用经济、法律和必要的行政手段管理国民经济，不直接干预企业的生产经营活动。”明确政府管理经济职能的范围是政府高效能管理经济、促进经济发展的前提条件。

1. 预测职能

经济预测，就是对客观经济过程的变化趋势所做出的预料、估计和推测。经济预测是经济决策和经济计划的科学前提，是正确认识经济环境及其变化的必要条件，是提高经济效益的必要保证。经济预测应遵循的原则：系统性原则、连续性原则、类推原则。经济预测的一般程序和步骤：确定预测的目的和任务；收集和分析有关资料；选择预测方法，进行预测计算；对预测结果进行评定和鉴别。经济预测的方法有两类，一是定性分析预测法，二是定量分析预测法。

2. 决策职能

经济决策，是指人们在经济管理活动中，对未来经济和社会发展目标、发展规划、行动方案、改革策略和重大措施等所做出的选择和决定。经济决策的程序：调查研究，提出问题；确定目标，拟定方案；方案评估，择优决断；实施决策，追踪反馈。经济决策具有重要的意义和作用：经济决策是经济管理的核心内容，它决定着不同层次、不同范畴的经济活动的发展方向；经济决策贯穿了经济管理的整个过程；决策的正确与否，决定着经济建设的成败和经济效益的高低；经济决策对社会政治和人们的心理也产生重大影响。

3. 计划职能

经济计划，是指人们按照经济的内在联系，对未来经济活动的发展过程所做的具体安排与部署。经济计划在我国的经济管理活动中仍具有重要的作用。我国的社会主义计划体系是由经济发展计划、社会发展计划和科学技术发展计划等多种计划系列所组成的。计划职能是指根据组织的内外部环境并结合自身的实际情况，制定合理的总体战略和发展目标，通过工作计划将组织战略和目标逐层展开，形成分工明确、协调有序的战略实施和资源分配方案。其步骤包括：选定目标；确定前提条件；发掘可行方案；评估方案；选定方案；拟定辅助计划；进行相应的预算，用预算使计划数字化；执行计划。经济计划的原则包括：长期计划、中期计划与短期计划相结合；稳定性与灵活性相结合；可行性与创造性相结合；量力而行与留有余地相结合。

4. 控制职能

经济控制，是指为了保证决策目标的实现和计划的完成，而对经济活动过程进行检查、监督和调节的管理活动。经济控制必须具备三个前提条件，即控制要围绕目标、控制要按标准进行、控制要有组织机构。经济控制，按控制的系统关系可分为自力控制和他力控制；按控制的实施方式可分为直接控制和间接控制；按控制活动和经济运行过程中实施的时间不同，可分为预防控制、现场控制和反馈控制。以上三种控制方式的具体内容不同，因而实施控制的效果和要求也是不同的。经济控制的方法有会计控制、预算控制、审计控制、人员行为控制等。

5. 监督职能

经济监督，是指对经济活动的监察或督导。监察就是监督和检查经济活动参与者的经济行为是否符合各种法律、政策、制度等有关规定；考察经济活动是否符合原定目标的要求，如不符合，则需要查明出现偏差和导致失误的原因。督导就是对经济活动的督促和引导，纠正偏差，确保经济活动的有效运行。

对社会经济活动实行经济监督，有其客观的必要性。这种必要性可以主要从生产力和生产关系两个方面来考察。在我国市场经济发展的现阶段，要保持正常的经济活动的进行，仍须要进行经济监督。因为在我国目前还存在着多种所有制形式，而不同的所有制经济组织之间必然存在着不同的经济利益；在分配方面，我国贯彻的是“各尽所能，按劳分配”的原则；从我国的现实情况看，在发展社会主义市场经济的整个过程中，还会有各种破坏社会主义经济秩序的违法犯罪活动发生；等等。

经济监督的内容是多方面的，就当前我国的实际情况来看，经济监督的主要内容有计划监督、财政监督、银行监督、工商行政监督、质量监督、安全监督、财务监督、审计监督等。

经济监督的实施过程中须要注意以下问题：要加强经济监督的组织建设、制度建设和思想建设；要严格按照经济监督的过程进行监督；要在经济监督过程中，搞好计划、核算、分析和检查四个环节。

6. 激励职能

激励职能，就是管理者运用各种刺激手段，唤起人的需要，激发人的动机，调动人的内在积极因素，使其将储存的潜能发挥出来的管理活动。

激励职能的特点：作用的普遍性和持续性，变化性和差异性，不可测定性。激励职能的类型有：目标激励，奖罚激励，支持激励，关怀激励，榜样激励。

激励理论主要有：ERG理论，期望理论，公平理论。

（二）要正确定位政府在经济活动中的地位

在以市场经济为主要资源配置方式的社会经济中，政府的重要责任是以弥补市场失灵而确定的配置、稳定和分配等的责任。政府的资源配置职责是由政府介入或干预所产生的。它的特点和作用是通过本身的收支活动为政府供给公共产品提供财力，引导资源的流向，弥补市场失灵的缺陷，最终实现社会资源的最优效率状态。政府的宏观调控与市场调节都是调节经济的手段，在一般情况下，社会主义市场经济体系中是以市场调节为主，国家宏观调控为辅的，国家的宏观调控是为了弥补市场调节的不足，政府对经济的干预不能被认为是调节经济的唯一手段。但是在市场失灵的情况下，政府宏观调控的作用就处于主导地位。因为有些在市场经济运行中出现的问题，如市场垄断等是不可能凭借市场调节就能解决的，要使市场正常运转，就必须要有政府的干预，此时政府就要发挥国家对市场经济的宏观调控的作用。政府宏观调控的手段主要有经济手段、法律手段和必要的行政手段。在市场失灵的情况下，就要综合运用政府宏观调控的各项手段，稳定经济，促进经济的发展。正确定位政府在经济活动中的地位是政府对经济管理“有所为，有所不为”的必要条件。

（三）完善监督制度，充分发挥行政体系内部的监督和行政体系外部的监督的作用

通过监督可以及时反映政府“越位”或“错位”等的行为，使相关部门能早发现、早纠正。通过完善监督制度，使政府相关部门在干预经济时始终保持警惕心理，牢牢把握其经济管理的权限，在经济发展过程中，把该管的管好，不该管的就不要管，不至于造成政府干预经济发展过多的局面；同时也能促使政府工作人员提高工作效率，在处理经济问题时保持高效。这是政府在经济管理时做到“有所为，有所不为”的重要保证。

（四）政府在进行宏观调控时要抓好软硬两个环境的优化

一方面，抓好行政环境建设。通过建设良好的服务环境、法制环境、市场环境、政策环境、社会诚信度等软环境，着力营造“亲商、安商、尊商、富商”氛围。为行政相对人提供满意的服务是党的宗旨决定的，是参与

全球经济竞争和市场经济发展的客观需要。随着改革开放的深入、民主建设进程的加快，行政相对人的民主意识、法制意识、竞争意识和参政意识不断增强，对政府提供公共产品的要求也越来越高。政府要切实负担提供治安、教育、交通、国防、外交、医疗、环保、民政、社保等公共服务职责，保证为行政相对人提供全程配套到位的服务。提高政府办事效率，搞好勤政廉政建设，要做到不只批条子，不认条子，一切按规矩去办，提高办事透明度，反对权钱交易，以良好的形象树立县级政府领导经济建设的权威。政府的实体管理和程序管理都必须公开、透明，特别是与人民群众利益密切相关的行政事项，除涉及国本、国家机密、经济安全和社会稳定的以外，都应向社会公开，给行政相对人以更多的知情权和监督权，增强透明度和公众参与度。特别是要加强政策法规的透明度，包括对政策法规的宣传力度，建立统一有效的政策信息网络，做到政策法规信息的及时发布、及时宣传、及时更新。行政管理的手段要以便捷、多元化为标准，充分利用现代科技和联络方式，如邮寄、电话、传真、网络等，实现具体行政行为，如行政审批、许可、确认、给付的管理高效。在行政审批制度改革中，要遵循低成本、高效率的原则，把多级审批改为一级审批，把多部门分别审批改为整体联动审批，把数次审批改为一次审批，并提供规范的标准化流程。另一方面，要抓好基础设施硬环境的改善。本着“规划超前、布局合理、功能完善”的原则，加快城区建设，提升城市品位，完善城市功能，增强对外吸引力。搞好水、电、路和通信等基础设施建设，高标准、高起点地建设行政区、文体活动区、商住区、工业区、商贸区，把县城建设成一个具有现代气息的新型城市格局，为招商引资创造良好条件。这是政府在经济管理中发挥高效能的重要途径。

三、经济管理的内容

（一）对人力的管理

人力资源的概念：人力资源有狭义和广义之分。从狭义上讲，人力资源是指一个国家或地区在一定时期内所拥有的处在劳动年龄阶段、具有劳动能力的人口。从广义上讲，人力资源是指一个国家或地区在一定时期内的客观上所存在的人口，包括在该时期内有劳动能力的人口和无劳动能力的人口。研究人力资源要防止表面化和简单化，要对人力资源进行全面的动态的研究。

人力资源的特点：能动性和创造性，时效性和连续性，动态性和消费性，再生性和适度性。

我国搞好人力资源开发与管理工作应采取的措施：实行计划生育，为人力资源开发创造良好的先决条件；发展教育事业，提高人口质量；广开就业门路，以创业带动就业，发挥人力资源潜力；建立人力资源开发的市场机制，达到人尽其才；挖掘企业劳动者潜力，充分调动其生产积极性。

现代人力资源管理的基本原理：

（1）同素异构原理：总体组织系统的调控机制。同素异构原理一般是指事物的成分因在空间组合关系和方式的不同，即在结构形式和排列次序上的不同，会产生不同的结果，引起不同的变化。例如，在群体成员的组合上，同样数量和素质的一群人，由于排列组合不同而产生不同的效应；在生产过程中，同样人数和素质的劳动力因组合方式不同，其劳动效率高低也不同。同素异构是化学中的一个重要原理，最典型的例子就是金刚石与石墨，其构成是同样数量的碳原子，但由于碳原子之间在空间上的排列方式与组合关系的不同，形成了在物理性质上存在着极为明显差别的两种物质：金刚石坚硬无比，而石墨却十分柔软，在色泽与导电等方面两者也迥然不同。通过观察金刚石与石墨两张元素结构图，就足以证明企业人力资源管理同素异构原理的科学性与现实性。在组织中同样一群人，由于领导者与被领导者组合排列方式上的差别，会产生不同的结果。在现实活动中，可以举出大量此类案例。由此可以说明构建完善组织系统的动态调节机制的重要意义。根据这一原理，企业必须建立有效的组织人事调控机制，根据企业生产经营的需要，重视组织内部各种信息的传递和反馈，不断地对组织与人员结构方式进行调整，以保证系统的正常运行。

（2）能位匹配原理：人员招聘、选拔与任用机制：能位匹配原理是指根据岗位的要求和员工的能力，将员工安排到相应的工作岗位上，保证岗位的要求与员工的实际能力相一致、相对应。“能”是指人的能力、才能，“位”是指工作岗位、职位，“匹配”是一致性与对称性。企业员工聪明才智发挥得如何，员工的工作效率和成果如何，都与人员使用上的能位适合度成函数关系。能位适合度是人员的“能”与所在其“位”的配置程度。能位适合度越高，说明能位匹配越合理、越适当，即位得其人、人适其位、适才适所，这不但会带来高效率，还会促进员工能力的提高和发展反之亦然。根据这一原理，企业必须建立以工作岗位分析与评价制度为基础，运用人员素质测评技术等科学方法甄选人才的招聘、选拔、任用机制，从根本上提高能位适合度，使企业人力资源得到充分开发和利用。

（3）互补增值、协调优化原理：员工配置运行与调节机制。互补增值、协调优化原理是充分发挥每个员工的特长，采用协调与优化的方法，扬长避短，聚集团体的优势，实现人力、物力和财力的合理配置。人作为个体，不可能十全十美。而作为群体，则可以通过相互结合、取长补短，组合成最佳的结构，更好地发挥集体力量，实现个体不能达到的目标。在贯彻互补原则时，还应当特别注意主客观因素之间的协调与优化。所谓协调，就是要保证群体结构与工作目标相协调，与企业总任务相协调，与生产技术装备、劳动条件和内外部生产环境相协调；所谓优化，就是经过比较分析，选择最优结合方案。互补的形式是多层次、多样化的，如个性互补、体力互补、年龄互补、知识互补、技能互补、组织才干互补、主客观环境和条件互补等。

（4）效率优先、激励强化原理：员工酬劳与激励机制。效率优先、激励强化原理是指将提高效率放在首要位置，通过有效激励，使员工明辨是非，认清工作的目标和方向，保持持续不竭的内在动力。在企业中一切工作都要以提高效率为中心，时时处处将提高效率放在第一位，各级主管应当充分有效地运用各种激励手段，对员工的劳动行为实现有效激励。例如，对员工要有奖有惩、赏罚分明，才能保证各项制度的贯彻实施，才能使每个员工自觉遵守劳动纪律，严守岗位，各司其职，各尽其力。如果干与不干、干好与干坏都一样，那么就不利于鼓励先进、鞭策后进、带动中间，把企业的各项工作搞好。通过企业文化的塑造，特别是企业精神的培育，教育、感化员工，以提高组织的凝聚力和员工的向心力；通过及时的信息沟通和传递以及系统的培训，使员工掌握更丰富的信息和技能，促进员工观念上、知识上的转变和更新。

（5）公平竞争、相互促进原理：员工竞争与约束机制。公平竞争、相互促进原理是在企业的人事活动中坚持“三公”原则，即待人处事、一切人事管理活动都必须坚持“公正、公平和公开”的原则，提倡起点相同、规则相同、标准相同，考评公正、奖惩公平、政务公开，采取比赛、竞争的手段，积极开展“比、学、赶、帮、超”活动，激发员工的斗志，鼓舞员工的士气，营造良好的氛围，调动员工的积极性、主动性和创造性。在企业中，为了促进生产任务的完成，应当提倡员工相互比赛、相互竞争。在社会主义市场经济条件下，企业要为全体员工搭建一个体现“三公”原则的大舞台，将绝大多数员工吸引到这个“效率优先、平等竞争”的舞台上，使他们能够大显身手，施展本领，发挥自己的才能。在企业中，应创造一切条件鼓励员工在生产产量、质量、技术操作等方面相互比赛、相互竞争，使员工在竞争中得到充分开发和利用。

（6）动态优势原理：员工培训开发、绩效考评与人事调整机制。动态优势原理是指在动态中用好人、管好人，充分利用和开发员工的潜能和聪明才智。在工作活动中，员工与岗位的适合度是相对的，不适合、不匹配是绝对的。因此，应当注重员工的绩效考评及员工潜能和才智的开发，始终保持人才竞争的优势。社会一切事物和现象都是处于变动之中的，企业的员工也处于变动之中，“流水不腐，户枢不蠹”，从优化组织的角度看，企业员工要有上有下、有升有降、有进有出、不断调整、合理流动，才能充分发挥每个员工的潜力、优势和长处，使企业和员工个人都受益。

（二）对财力的管理

财力及其运动：财力是指在一定时期内的一个国家或地区所拥有的社会总产品的货币表现。财力的运动过程可以概括为：财力的开发（生财）、财力的集聚（聚财）和财力的分配使用（用财）三个环节。财力运动的这三个基本环节，相互联系，相互制约，相互促进。生财是运动的起点和归宿，是聚财和用财的前提；聚财是运动的中间环节，是生财和用财的制约因素；用财是为了生财，用财和生财互为目的。财力的集聚与使用：财力集聚的对象，就是国内社会总产品的价值和国外资金市场中的游资，其中国内社会总产品价值中“M”部分是国家财力集聚的重要对象。财力集聚的主要渠道有财政集资、金融机构集资和利用外资。在我国目前的市场经济发展中，除了搞好财政集资外，尤应重视金融机构集资和利用外资。财政集资的主要特点是强制性和无偿性，金融集资的主要特点是有偿性和周转性。财力使用应坚持的原则：统筹兼顾，全面安排；集中资金，保证重点；量力而行，留有余地；搞好财力平衡。

（三）对物力的管理

物力的概念和物力管理的内容：物力是能够满足人类生产、生活需要的物质的总称，包括物质资料和自然资源两大部分。物力管理的内容有两方面：一是物力的开发、供应和利用；二是自然资源的保护。

物力管理的基本任务：遵循自然规律和经济规律，按照建设资源节约型、环境友好型社会的要求，结合经济发展和人民生活的需要，开发、供应、利用和保护好物力资源，形成节约能源资源和保护环境的增长方式、消费模式，以合理地、永续地利用物力，促进经济和社会事业的不断发展，推动人类文明和进步。

对自然资源开发利用与管理工作的要求：根据国家主体功能区的划分，制定自然资源开发利用与管理规划；按照可持续发展要求，适度开发利用；发展循环经济，综合利用资源，提高资源利用效率；建设生态文明，有效保护自然资源，搞好环境保护工作。

（四）对科学技术的管理

科学技术的概念：科学是人类实践经验的概括和总结，是关于自然、社会和思维发展的知识体系。技术是人类利用科学知识改造自然的物质手段和精神手段的总和，它一般表现为各种不同的生产手段、工艺方法和操作技能，以及体现这些方法和技能的其他物质设施。

科学技术管理的主要内容：制定科学技术发展规划，着力突破制约经济社会发展的关键技术；组织科技协作与科技攻关，积极推广应用科研成果；注重提高自主创新能力，抓好技术改造与技术引进；加强创新型科技人才队伍建设。

（五）对时间资源的管理

时间资源的特性：时间是一切运动着的物质的一种存在形式。时间资源具有不可逆性，具有供给的刚性和不可替代性，具有均等性和不平衡性，具有无限性和瞬间性。

时间资源管理的内容：时间资源的管理，是指在同样的时间消耗的情况下，为提高时间利用率和有效性而进行的一系列控制工作。时间资源管理的内容，概括地说包括对生产时间（即从生产资料和劳动力投入生产领域到产品完成的时间）的管理和对流通时间（即产品在流通领域停留的时间）的管理。

时间资源管理的基本途径：规定明确的经济活动目标，以目标限制时间的使用；制定详细的计划，严格控制时间的使用；优化工作程序，提高工作效率，充分挖掘时间潜力；保持生产、生活的整体合理安排休息和娱乐时间。

（六）对经济信息的管理

经济信息的概念与特征：经济信息是指反映经济活动特征及其发展变化情况的各种消息、情报、资料的统称。经济信息的特征：社会性、有效性、连续性和流动性。

经济信息的分类，按照经济信息的来源，可以分为原始信息和加工信息，按照经济信息所反映的内容，可以分为内部信息与外部信息，又分为有关过去的信息和有关未来的信息，按照经济信息取得的方式，可以分为常规性信息和偶然性信息。

经济信息管理的基本程序：广泛收集、认真加工、及时传递、分类储存。经济信息管理的要求：准确、及时、适用。

第二节　经济管理思想的演化

一、早期的管理思想

中国是四大文明古国之一，在其各个历史发展时期，都蕴含着丰富的管理思想。许多管理思想散见于各种古籍中，是先于西方几百甚至上千年提出来的，许多管理思想至今还具有借鉴意义。

早期的管理思想产生于19世纪末以前。在古代，由于社会生产力水平低下，尽管一些杰出的思想家如亚里士多德、孙武、司马迁等提出一些重要的管理思想，但都未能形成系统的管理理论体系。

18世纪60年代以后，西方国家开始进行产业革命。这期间及后期，一些著名的人物都提出了一些重要的管理思想。亚当·斯密提出了劳动分工理论和“经济人”的观点；罗伯特·欧文提出了重视人的因素的观点；查尔斯·巴贝奇对作业进行了研究，提出了按照对生产率贡献大小来确定报酬的制度。

二、古典的管理思想

古典的管理思想，产生于19世纪末到1930年之间，以泰罗和法约尔等人的思想为代表。

泰罗是科学管理理论的创始人，在资本主义管理史上，他被称之为“科学管理之父”。泰罗科学管理理论的主要内容集中体现在作业管理和组织管理方面。在作业管理方面，泰罗有三项管理方法：第一，制定科学的工作方法；第二，科学地选择和培训工人；第三，实行刺激性的差别计件工资制。在组织管理方面，泰罗也制定了三项管理方法：第一，把计划职能和执行职能分开，设立专业计划部门，按照科学的规律制订计划，管理企业；第二，实行职能工长制；第三，利用例外原则进行管理控制。

法约尔的管理思想主要体现为：第一，法约尔认为经营和管理是两个不同的概念。经营是指导或引导一个整体趋向一个目标，它包括技术、商业、财务、安全、会计、管理六项活动。管理只是经营活动中的一项，管理活动又包括五个要素或五个职能，即计划、组织、指挥、协调和控制。第二，法约尔在长期的管理实践中总结出了有名的“法约尔法则”，即大企业的下级阶层和小型企业以及初级企业的经理需要的最重要的能力是技术能力，中等规模以上的企业的经理和大企业的车间主任以上的管理人员需要的最重要的能力是管理能力。第三，法约尔总结的十三项一般管理原则：劳动分工，权力和责任，纪律，统一指挥，统一领导，个人利益服从整体利益，人员的集中，等级制度，秩序，公平，人员的稳定，首创精神，人员的团结。

三、中期的管理思想

中期的管理思想产生于1930年到1945年，以梅奥和巴纳德等人的思想为代表。

梅奥是人群关系学派的代表人物。人群关系理论的主要内容：第一，工人是复杂的社会系统的成员，他们不仅是“经济人”，更是“社会人”，不仅有经济动机，更有社会和心理方面的需要，因此，必须注意从社会和心理方面寻找提高工人积极性的办法。第二，企业中存在着非正式组织，管理者只重视正式组织是不够的，还要充分认识到非正式组织的作用，注意在正式组织的效率逻辑与非正式组织的感情逻辑之间搞好平衡，以便充分发挥每个人的作用，提高劳动生产率。第三，生产效率的高低主要取决于工人的工作态度，即士气，士气越高生产效益也就越高，管理者要通过对职工满足度的提高来激励职工的士气。

巴纳德是组织理论的代表人物。他认为，组织是一个系统，在组织内，主管人是最重要的因素，只有依靠主管人的协调，才能维持一个“努力合作”系统；组织的存在要有三个基本条件，即明确的目标、协作的意愿和意见的交流；要使组织存在和发展，必须符合组织效力和组织效益原则。

四、现代的管理思想

现代管理思想，产生于1945年以后。这一时期管理思想非常活跃，出现了一系列管理学派，这里主要介绍行为科学学派、决策理论学派、经验主义学派和权变理论学派。

行为科学学派的代表人物主要有马斯洛、赫茨伯格、麦克雷戈等。马斯洛提出了需要层次论。他认为人的需要有五个层次：生理的需要，安全的需要，感情和归属上的需要，地位和受人尊重的需要，自我价值实现的需要。赫茨伯格提出了双因素论。他认为，影响工作动机的因素主要有两类：一类是外部因素，如基本工资、工作安全以及周围关系等，这些因素一般不构成强烈激励，因此也叫保健因素；另一类是内在因素，包括工作本身、成就、晋升等，这类因素是满足个人发展或自我价值实现的因素，因而是真正的激励因素。麦克雷戈提出了X理论-Y理论。决策理论学派的代表人物是西蒙。该学派认为，管理的关键在于决策。因此管理必须采取一套制定决策的科学方法。决策理论的主要论点是：决策是一个复杂的过程，根据决策的性质可以把它们分为程序化决策和非程序化决策，根据令人满意的准则进行决策，组织设计的任务就是建立一种制定决策的人机系统。

经验主义学派的代表人物主要是戴尔和杜拉克。该学派认为，管理学就是研究管理经验的，通过对管理中成功经验和失误的研究，就能认识问题和理解问题，就能学会进行有效的管理。以这一思想为基点，该学派主张从企业管理的实际出发特别是以大企业的管理经验与案例为主要研究对象，对其进行概括和理论化，从而向企业管理人员提供实际的建议。

权变理论学派的主要代表人物有卢桑斯和菲德勒。该学派认为，在管理中要根据组织所处的内外环境变化而随机应变，针对不同情况采用相宜的管理模式与方法，没有一成不变的、普遍适用的、最好的管理模式和方法。

第三节　现代管理的基本原理

一、系统原理

所谓系统，就是由相互作用和相互依赖的若干部分（要素或子系统）结合而成的、具有特定功能的并处于一定环境中的有机集合体。系统是普遍存在的，从不同的角度划分，系统可分为不同的类型。

任何管理对象都是一个特定的系统。现代管理的每一个基本要素都不是孤立的，它既在自己的系统之内，又与其他系统发生各种形式的联系。为了达到现代科学管理的优化目的，必须对管理进行充分的系统分析。这就是现代管理的系统原理。运用系统原理研究管理问题，必须明确：系统由哪些要素组成；系统内外部之间的作用方式和联系方式；系统及其要素具有的功能；系统的生产、发展过程对现存系统的影响，以及发展的趋势；维持、完善与发展系统的源泉和因素；完善系统功能的途径。

管理的决策和措施就是建立在上述的系统分析基础之上的，其中特别重要的是要把握好系统的四个特性，即目的性、整体性、层次性、环境适应性。

二、人本原理

所谓人本原理，就是指一切管理活动均应以调动人的积极性，做好人的工作为根本。在我国社会主义现代化建设中，必须遵循人本管理原理，从保护人的根本利益出发，尊重人的合理意愿，维护人的基本权益，促进人的全面发展，采取各种有效措施，把各级各类管理人员和所有劳动者的积极性、主动性和创造性充分调动起来，才能实现我们的奋斗目标。因此，一要建立适宜的体制，二要创造良好的环境三要树立正确的人才观，积极促进人才流动。

三、责任原理

在管理活动中，要在合理分工的基础上明确规定每个部门和个人必须完成的工作任务并承担相应的责任，同时要处理好责任、权力、利益之间的关系。管理过程就是追求责、权、利统一的过程。职责、权限、利益是三角形的三个边，是相等的。能力是等边三角形的高。在实际管理中，能力略小于职责，从而使工作富有挑战性。这样，管理者的能力与其所承担的职责相比，常有能力不够的感觉，会产生一种压力，从而促使管理者加强学习，不断学习新知识，并且可以发挥参谋、智囊的作用。使用权力时，会做到谨慎小心，工作本身就是工作的一种动力。当然，能力不能过小，以免承担不起职责所需要的能力。也有人认为，高层次应是能力略大于职责，而中低层管理人员职责能力略小于职责好些。

四、效益原理

管理活动的出发点和归宿，在于利用最小的投入或消耗，创造出更多更好的效益，对社会做出贡献。“效益”包括“效率”和“有用性”两方面，前者是“量”的概念，反映耗费与产出的数量比；后者属于“质”的概念，反映产出的实际意义。效益表现为量与质的综合，社会效益与经济效益的统一，其核心是价值。效益原理强调千方百计追求管理的更多价值。追求的方式不同，所创造的价值也不同，一般表现为下列情况：耗费不变而效益增加，耗费减少而效益不变，效益的增加大于耗费的增加，耗费大大减少而效益大大增加。显然，最后一种是最理想的目标。为了实现理想的管理效益，必须大力加强科学预测，提高决策的正确性，优化系统要素和结构，深化调控和评价，强化管理功能。

五、创新原理

创新是组织要根据内、外环境发展的态势，在有效继承的前提下对传统的管理进行改革、改造和发展，使管理得以提高和完善的过程。创新原理是对现有事物构成要素进行新的组合或分解，是在现有事物基础上的进步或发展，是在现有事物基础上的发明或创造。创新原理是人们从事创新实践的理论基础和行动指南。创新虽有大小、高低层次之分，但无领域、范围之限。只要能科学地掌握和运用创新的原理、规律和方法，人人都能创新，事事都能创新，处处都能创新，时时都能创新。

六、可持续发展原理

可持续发展既不是单指经济发展或社会发展，也不是单指生态持续，而是指以人为中心的自然—经济—社会复合系统的可持续。可持续发展是能动地调控自然—经济—社会复合系统，使人类在没有超越资源与环境承载能力的条件下，促进经济发展、保持资源永续和提高生活质量。可持续发展没有绝对的标准，因为人类社会的发展是没有止境的。它反映的是复合系统的动作状态和总体趋势。可持续发展包括生态持续、经济持续和社会持续，它们之间互相关联而不可分割。孤立追求经济持续必然导致经济崩溃，孤立追求生态持续不能遏制全球环境的衰退。生态持续是基础，经济持续是条件，社会持续是目的。人类共同追求的应该是自然—经济—社会复合系统的持续、稳定、健康发展。

七、动力原理

所谓动力原理，就是指管理必须有很强大的动力，而且只有正确运用动力，才能使管理持续而有效地运行。

管理的动力大致有三类，即物质动力、精神动力和信息动力。物质动力是管理中最根本、最重要的动力，是通过利用人们对物质利益的追求，对经济活动实施管理；精神动力，就是用精神的力量来激发人的积极性、主动性和创造性；信息动力，就是通过信息的交流所产生的动力。

现代管理中正确运用动力原理应注意把握三点：一要综合、协调运用各种动力；二要正确认识和处理个体动力和集体动力之间的辩证关系；三要在运用动力原理时，要重视“刺激量”这个概念。

八、能级原理

现代管理中，机构、人员的能量有大小之分，当然也就可以分级。所谓分级，就是建立一定的秩序、一定的规范和一定的标准。现代管理的任务，就是建立一个合理的能级，使管理的内容动态地处于相应的能级之中。这就是现代管理的能级原理。

现代管理中科学运用能级原理，应注意把握三点：一是能级管理必须按层次进行，并且有稳定的组织形态；二是不同的能级应表现出不同的权力、责任、物质利益和精神荣誉；三是各类能级必须动态地对应。

九、时空原理

所谓时空原理，是指现代管理是在一定的时间和空间内进行的，只有充分地把握时空变化情况，科学地、合理地、高效地利用时间和空间，才能取得管理的高效益。

由于时间空间的变化与运动着的物质状态密切联系，所以，在现代管理中观察任何事物运动的时候，就一定要注意其时空变化。时空的变化一般有以下几种情况：一是系统结构随时间的变化而变化，二是系统的结构随着空间的变化而变化，三是系统运动状态变化的速度与时间空间的变化是一致的，四是时空与空间可以变换。

第四节　经济管理者素质及培养

所有直接参与经济管理活动的人员都可称为经济管理者。经济管理者应具备的基本素质，主要有五个方面的内容，即思想素质、知识素质、心理素质、业务素质和身体素质。根据我国的实际情况，培养经济管理者应从以下几方面考虑：努力发展教育事业，为经济管理者的培养打下良好的基础；动员社会各方面的力量培养经济管理者；从我国实际出发，在实践中培养经济管理者。选拔经济管理者，是正确使用经济管理者的前奏。能否选拔出合格的经济管理者，关系着一个国家、部门和企业经济发展的成败。选拔经济管理者，要坚持正确的选拔标准；破除论资排辈观念；不论文凭，要论才能。经济管理者的培养、选拔和使用，是一个有机的整体，三者缺一不可，培养和选拔是手段，只有使用才是目的。使用经济管理者应做到：知人善任，任人唯贤，大胆使用，追踪考评。作为新经济核心的创新，不仅包括技术创新、观念创新、制度创新、组织创新和营销创新等方面的内容，更重要的还应该有企业经营管理者的创新。

新经济时代必须有众多的新型经济管理人才，全面树立新观念、掌握新知识、运用新方法，才能提高我们企业的整体素质，从而面对新经济和日益复杂多变的全球化竞争的挑战。

管理者的创新意识：新经济是以高科技为主导，以网络和信息为主要载体的经济。与传统经济的主要差别是，知识在经济发展中的作用大大增强，科技成果产业化、市场化的速度加快，传统产业必须运用高新技术的成果进行技术改造，提高效率，开发新产品，提高产品质量。

管理者的人格魅力：电子商务、网络经济给企业带来了新的运作模式，通过电子化管理和技术，企业各个部门，企业与上下家的合作伙伴不再是条块分割、各自为政，而是形成了环环相扣的链条。这种新的运作模式对业务员、业务经理提出了更高的要求，如在谈判中必须确信自己的观点清晰、准确、有效；自信靠自己的交际能力和技巧能够战胜对手，只有具备这样的心理素质和人格魅力，才能展现有别于他人的风采，就会给对手传递一种感知感觉的信息。人在感官上的互相交流是十分重要而又极其微妙的。

同样，新型经济管理人才作为企业领导者，无论是从企业员工队伍的管理，从目标设定到业绩考核，还是从激励措施到行为规范，都必须贯穿独特的、充分展示自己人格魅力的领导方法和手段。才能将全体员工凝聚在一起，共同为提高自己企业的产品实力和服务质量奉献光和热。

新经济时代要求每一位企业领导和全体职工，具有不断学习的精神，只有不断地更新自己的知识，才能完成企业整体知识、素质的动态积累。一个合格的新型经济管理人才，应思考利用EC整合自己的知识和经验，将点织成线，连成面，并立体化，将分散的知识系统化，从而才能在复杂的经济环境和激烈的市场竞争中，解决众多难题。

管理者的团队精神：从无数著名企业的成败案例中，我们可以发现这样一个真理，即在新经济条件下，企业管理者必须发扬团队精神，群策群力，才能“众人拾柴火焰高”。《如何做好销售》一书中指出：“当开始从事某种职业的时候，你拥有什么并不重要，重要的是掌握推销、说服和与人交流的技能”“为了取得销售成功，必须具有合作精神和良好的倾听技巧，而且还要把别人的需要放在首位”，兼听则明，偏信则暗。管理是一门科学，新经济时代的企业管理者更需要在打破传统企业的管理模式下，创造自己全新的能够解决在创办和经营过程中，从容面对各种障碍与问题的全新方式，从管理的基本技能，如策划、授权，领导等，到人力资源管理、团队建设又运用高科技手段研发产品，占领市场额的过程中，紧紧依靠企业领导一班人，靠车间科室、班组的中层干部和骨干力量，充分发扬团队精神，利用大家的智慧去为企业的发展壮大出力，从而掌握经营现代企业的技巧，认真借鉴和汲取西方现代企业的有益经验，采用他们的管理技术、方法和手段，把自己企业经营管理和竞争能力提高到新水平。

经济管理重在提高企业的竞争实力：新经济是以高科技为主导，网络和信息为主要载体的经济，与传统经济的主要差别是，知识在经济发展中的作用大大增强科技成果产业化、市场化的速度加快，科技从潜在生产力向现实生产力转化的速度加快，使企业提高竞争实力。调整产业结构，开拓市场，起着相当重要的作用，正如企业家们形象的比喻，科学技术是企业保持健康发展、步入良性循环的火车头，而企业的全体员工特别是经营管理者，更像是驾驶火车头的司机。企业整体素质的高低，决定着企业的兴衰成败，决定着能否在日趋白热化的国际市场竞争中，始终占有自己的一席之地。因此，新型经济管理人才必须在产品开发，企业计划、咨询管理、投资、商务谈判、市场营销、客户服务以及网络经营、企业文化等一系列问题上通晓新经济，掌握新知识，努力提高企业的竞争实力，才能满足现代企业发展的需要，把我国企业经营管理和竞争能力提高到新水平。

要全面促进企业的技术创新：在新经济条件下，企业必须面向市场进行研究开发，把市场需求、社会需求特别是广大消费者的需求，作为技术新的基本出发点，而且在创新全过程中的各个环节都要贯彻营销观念即技术创新必须为市场竞争所需要，必须能给企业和市场购买者、广大消费者带来实实在在的利益。

要全面推动营销观念创新：所谓营销观念也就是企业在开发市场营销管理的过程中，在处理企业、顾客和社会三者利益方面所持的各种思想和经营哲学，顾客对企业的取舍会在瞬间完成，决定作用是企业的市场营销绩效，包括市场份额、品牌美誉度、顾客满意度和顾客忠诚度等。企业经营管理者必须清醒地认识到，市场营销是当今商务活动中最重要的事情，因为市场营销是以各种各样的方式存在着，包括吸引顾客、使他去放心购买、买得舒心、用的称心，再购买或通过他们的嘴去向其他顾客宣传，形成良性循环，做生意还有比这些更重要的吗？难道企业家还能做没有顾客的生意不成？

要全面实施新型配合资源共享的企业发展战略，国家信息产业部有关专家指出，我国的企业经营管理者认识到新产品的研究开发只是技术和产品成功的一个环节，一个创新技术要真正获得市场意义上的成功和客户的认可，必须将生产市场销售服务这些有机的环节通过管理形成一个成功的链接关系，才能保证其真正的成功。因此，企业的发展战略应是新型经济型人才充分调动全体员工的工作热情，实现新型配合、资源共享，从而将其才干、知识、技术得以发挥最大化。

要让用户更实惠、更满意：面对以用户需求为中心的新经济时代的来临，新型经济管理人才必须在充分了解市场需求的前提下、以务实的精神积极为用户提供更实惠、更满意的服务，因为实用、时尚、个性等销售需求，已悄然成为当今时代市场经营的中心点，让用户真正成为交易的最大受益者，将是市场营销活动中一种全新的经营理念，必将现代规范化的企业管理理念融于产品之中，根据用户的实际信息应用能力，充分挖掘各种有效的企业管理资源，如在计算机软件的延伸服务方面，根据用户特定的业务应用环境，如相应的网络应用环节、计算机操作平台、业务系统管理、账务系统管理、操作人员素质等多方面因素，为用户提供诸如企业计算机化管理方案、人员培训、技术支持、顾问服务和在线咨询等多种人文化的企业财务业务管理解决方案，最大限度地满足用户的实际应用需求。

新经济时代的到来和发展，突破了传统经济学的若干原理和规律。新经济条件下出现的许多经济现象，用传统经济学难以圆满解释，新经济呼吁着新的经济学的出现，更呼唤着众多的通晓新经济，掌握新知识的新型经济管理人才涌现，肩负起我国大中型各类企业管理的重任，从容面对国际一流竞争对手的挑战，从而进一步加快我国经济现代化的步伐。

第二章　现代企业管理

现代企业就是所有者和经营者分离，达到技术和管理现代化的企业组织形式。现代企业管理是适应现代生产力发展的客观要求，运用科学的思想、组织、方法和手段，对企业的生产经营进行有效管理，创造最佳经济效益的过程。

第一节　现代企业制度

一、现代企业制度简介

现代企业制度是适应市场经济发展、符合现代生产力要求、依法规范的企业制度。公司制是现代企业制度的典型形式。

现代企业制度的基本特征是产权清晰，权责明确，政企分开，管理科学。现代企业制度的主要内容包括现代企业产权制度、现代企业组织制度和现代企业管理制度。

现代企业产权制度是在一定所有制基础上，以产权为依托，对财产关系进行合理有效组合和调节的法律制度体系，其基本要求是归属清晰，权责明确，保护严格，流转顺畅。它明确界定：公司拥有法人财产，公司财产权能实现以公司法人为中介的所有权和经营权的两次分离，法人治理结构为管理公司的组织结构。

现代企业组织制度规定了企业的组织指挥系统、各部门、各工作人员的分工协调关系及各自的职责，是企业组织的基本规范。公司领导体制的核心是法人治理结构，是现代企业组织制度中最重要的组成部分。法人治理结构是由股东大会、董事会、执行机构和监事会组成的相互联系又相互制衡的组织机构。出资者组成公司的最高权力机构即股东大会，对企业拥有最终控制权；董事会是由股东大会选举产生的董事所组成的公司常设决策机构，是法人财产的代表，要维护出资人权益，对股东大会负责，根据有关方面规定，上市公司董事会中还至少应包括1/3的独立董事，以促使董事会更有效、科学地履行职责；由董事会挑选聘用的高级经理人员组成执行机构，在董事会的授权范围内经营企业，董事会对经营者的业绩进行考核和评价；监事会是由股东大会选举产生、由股东代表和一定比例职工代表组成的监察机构，对董事会和经理执行机构的工作进行监察和监督。公司法人治理结构体现原始所有权、法人财产权和经营权相互分离又相互联系的关系，形成权力机构、决策机构、监督机构和经营管理者之间各负其责、协调运转、有效制衡的机制。

现代企业管理制度是对企业管理活动的制度安排，包括企业的经营目的和理念、企业目标与战略、企业管理组织的各个部门、市场营销、研究开发、生产管理财务管理、人事管理等具体职能领域的制度规范，是现代企业发展的重要保证。

二、现代企业制度的内容

现代企业制度是指以公司制度为主要表现形式，体现企业是法人实体和市场竞争主体要求的企业体制，是适应社会化大生产和市场经济要求的产权明晰、责权明确、政企分开、管理科学的企业制度。

公司制企业作为现代企业制度的主要表现形式，既是市场经济发展的必然结果，也是生产社会化的必然产物。

现代企业制度一般包括三个方面的内容：

（1）现代企业法人制度：现代企业法人制度主要体现为公司的产权制度，核心是要理顺和完善企业的产权关系。根据企业法人财产权理论，公司企业对企业财产（动产、不动产和流动资金）所享有的权利，应为法人财产权；出资者对企业的权利为股东权。企业拥有法人财产权，表现为企业依法拥有法人财产的占有、使用、收益和处置权，是自主经营、自负盈亏的独立法人实体，企业对包括国家在内的出资者投资形成的全部法人财产依法享有民事权利、承担民事责任，并对出资者承担资产保值增值的责任，出资者按投入企业的资本额度依法享有所有权的权益，承担有限责任。

（2）现代企业的组织制度：

现代企业的组织形式——有限责任公司、股份有限公司和国家独资公司（公司法）。

现代企业的组织体制——以股东代表大会、董事会、经理人和监事会共同组成的法人治理结构。股东大会是公司的最高权力机构；董事会是公司的经营决策机构；公司的总经理负责公司的日常经营管理活动，对公司的生产经营活动进行全面领导；监事会是公司的监督机构。另外，还有企业党组织和工会。

（3）现代企业管理制度：现代企业制度的运作和完善需要有科学的管理制度作保障，加强企业管理是我国企业面临的迫切与长期的重要任务。科学的管理制度重点体现在：建立和完善企业的组织运营系统；建立科学的劳动用工制度和灵活有效的激励机制；建立现代企业财务会计制度；坚持以人为本的企业管理，培育优秀的企业文化和团队精神，加强人力资源的开发和管理等。

第二节　企业战略管理

一、战略的定义

战略一词来源于希腊语“strategos”，其含义是“将军”。它最初被用于研究战争，后来被广泛地应用到政治领域和经济领域。一般意义上的战略，泛指一个组织为了实现它的长远目标和重要使命而做的带有全局性、长远性和根本性的行动谋划和策略。将战略一词运用于企业经营管理中去，便是企业战略。它是指导企业行为的总体规划或计谋，是企业一定时期内带有全局性的方针政策。

二、战略管理的概念及特点

（一）战略管理的概念

战略管理是组织高层管理人员为了组织长期的生存和发展，在充分分析组织外部环境和内部条件的基础上，设定组织的战略目标，并为保证目标的实现而进行战略决策、实施战略方案、控制战略绩效的一个动态管理过程。

（二）战略管理的特点

战略管理是一种管理思想和管理方式，它的特点是动态性管理、全局性管理、高层次性管理和长远性管理。

1. 动态性管理

战略管理的关键不是战略而是动态性管理。战略管理活动的重点是制定战略和实施战略。而制定战略和实施战略的关键就在于对组织外部环境的变化进行分析，对组织的内部条件和素质进行审核，并以此为前提确定组织的战略目标，使三者之间达成动态平衡，从而实现战略管理。

2. 全局性管理

战略管理是以组织的全局为对象，根据组织总体发展的需要而制定的。具体地说，战略管理不强调组织某一职能部门的重要性，而是通过制定组织的使命、目标和战略来协调组织各部门的活动。

3. 高层次性管理

战略管理的主体是组织的高层管理人员。由于战略决策涉及组织活动的各个方面，虽然它也需要组织上下层管理者和全体员工的参与和支持，但组织的最高层管理人员介入战略决策是非常重要的。这不仅是由于他们能够统观组织全局，了解组织的全面情况，而且更重要的是他们具有对战略实施所需资源进行分配的权力。

4. 长远性管理

没有长远考虑的决策不是战略决策。长远性的意思是要有三年或者五年或更长时间的发展战略规划。对于传统产业一般要求有五年规划；对于高新技术产业，因为发展比较快，一般要求有三年规划。从这一点上来说，战略管理也是面向未来的管理，战略决策要以经理人员所期望或预测将要发生的情况为基础。在迅速变化和竞争性的环境中，组织要取得成功，就必须对未来的变化采取预见性的态势，这就需要组织制定长期性的战略计划。

三、企业发展战略

企业发展战略是企业战略的种类之一，是对企业发展的谋略，是对企业发展中整体性、长期性、基本性问题的计谋。

企业发展战略的本质特征是发展性，是着眼于企业发展。虽然有些企业战略也是为企业发展服务的，如企业竞争战略与营销战略，但是它们着眼点与发展战略是不同的，竞争战略着眼于竞争，营销战略着眼于营销。

顺便指出：不少企业战略教材都把竞争性说成是企业战略的一个特征。我认为这是不对的。竞争性只是企业竞争战略的特征，并且是它的本质特征。不能由此认为企业任何战略都具有竞争性这个特征。不同的企业战略具有不同的本质特征。企业人才战略着重解决的是人才问题，企业文化战略着重解决的是文化问题，企业信息化战略着重解决的是信息化问题。这些企业战略虽然都为企业竞争服务，但绝对不会像竞争战略一样重点谋划竞争问题，绝对不会搞什么五种竞争力分析，也绝对不会运用三大竞争战略。把竞争性看作所有企业战略的一个特征，与人们长期在竞争战略与企业战略之间画等号有密切关系。上面已经说过，在竞争战略与企业战略之间是不能画等号的，因为竞争战略只是企业战略的一种战略。企业除了竞争战略还有其他战略，其中包括发展战略。

由于企业发展战略是企业各种战略的总战略，所以，企业发展战略的整体性更加突出。也就是说，企业发展战略比其他企业战略针对的问题更加全面。从某种意义上说，企业发展战略是其他企业战略的上位概念，是统帅其他企业战略的总战略。用企业发展战略指导其他企业战略，用其他企业战略落实企业发展战略，这是先进企业的成功之道。

加强企业发展战略研究，在任何企业都是主要领导人的责任。如果说企业的各个副职可以在一定程度上主持其他企业战略的研究工作，如技术总监可以在一定程度上主持技术开发战略的研究工作，营销总监可以一定程度上主持营销战略的研究工作，那么只有主要领导才能主持企业发展战略的研究工作。

第三节　人力资源管理

一、企业人力资源管理的概念及基本功能

1. 企业人力资源管理的概念

企业人力资源管理是企业的基本管理职能之一，其基本任务是：吸引、保留、激励、开发企业所需的人力资源，促成企业目标的实现，从而使企业在市场竞争中得以生存和发展。简单地说，就是把企业所需的人力资源吸引到企业中来，调动他们的工作积极性，并开发他们的潜能，从而使人力资源得以高效率的利用。

2. 企业人力资源管理的基本功能

企业人力资源管理应该具备以下五项基本功能：

（1）人力获取。人力获取包括招聘、选拔、委派。

（2）整合。整合是指让被招收的员工了解企业的宗旨与价值观，使之内化为他们自己的价值观，从而建立和加强他们对组织的认同感和责任感。

（3）保持与激励。保持和激励包括为员工提供所需奖励，增加其满足感，使之安心和积极工作。

（4）控制与调整。控制与调整包括评估员工的素质，考核其绩效，然

后做出相应的奖惩、升降、辞退、解聘等决策。

（5）开发。开发是对员工实施培训，并为他们提供发展的机会，指导他们明确自己的长短处与今后的发展方向和道路。

这五项功能密切关联、相辅相成。管理者在某一方面的决策常常会影响到其他方面。例如：激励可以使员工对工作满意、安心，从而促进了整合；开发使员工看到自己在本企业的前途，从而更积极和安心；等等。

二、人力资源开发

人力资源开发是指发现、发展和充分利用人的创造力，以提高企业劳动生产率和经济效益的活动。企业人力资源的开发有以下三个方面的内容：把企业现有职工的能力都挖掘和激发出来，运用到生产经营工作中去。人的能力有广义和狭义之分，具体说，狭义的人的能力包括人的基本能力和应用能力两方面。人的基本能力是指人的知识、技能和体力方面的能力；人的应用能力是指把基本能力转化为实际应用的能力，主要是解决实际问题的能力、创造能力、协调交涉能力、领导能力等。广义的人的能力除了人的基本能力和应用能力以外，还包括人的工作绩效，即实际工作的成绩和效果。衡量一个人的能力最重要的不是看他的缺点是什么，而是他的实绩，他能为组织做什么；把每一职工的能力在现有水平上提高一步；在现有的全部人力资源中发现人才、培养人才。有的领导人慨叹本企业无人才。人才并不神秘，通常，人才是在相同的条件下能比别人更有效地解决问题、成绩比较显著的人。从这个观点出发，人才到处都有。人才又有通才、专才之说。通才是指才能比较全面的人，专才则是指某一方面能力较强的人。专才、通才都是人才。一个企业必有人才。所谓行行出状元。关键是如何看待人才。领导人的任务就是发现、培养、提高和使用人才。

（一）人员选拔与聘用（选聘）

一个企业在进行人员选聘时，到底是内部选聘还是外部选聘，应具体问题具体分析。同时在选聘中要坚持计划性、公正性和科学性原则。人员选聘的程序和方法——制定选聘计划、发布选聘信息、进行选聘测试和选聘决策等。

（二）人员培训

员工培训是指一个企业为改变员工的工作态度和工作能力，不断提高他们的工作业绩而进行的知识教育和技能培训。

1. 员工培训的意义

通过培训，可以帮助员工尽快地掌握必要的知识技能和形成必要的工作态度；通过培训，可以帮助员工适应企业内外环境的迅速变化；通过培训，可以满足员工自我发展和自我实现的需要，从而获得精神上的成就感；通过培训，可以提高全体员工的素质，从而促进劳动生产率和工作效率的提高，最终实现企业的经济目标。

2. 员工培训的形式和方法

从培训与工作岗位的关系划分，主要有职前培训、在职培训和脱产培训。

（三）人员激励

激励过程：一切行为都由激励产生，人的行为都是为了一定的目的和目标，而目的和目标的产生又来自某种需要。

一个人主观上认为能够达到目标，就会激发出强大的力量，做出个人成绩；而个人在做出成绩后，又总是期望得到组织适当的、合理的奖励，如奖金、提级、表扬等；这种奖励刚好又能满足个人的需要，因为不同年龄、性别、资历、社会地位、经济条件的人需要不同。

三、企业人力资源规划

人力资源规划又称人力资源计划，是指企业根据企业的发展战略、目标以及环境的变化，科学地预测、分析企业在未来环境中的人力资源供给和需求状况，从而制定相应的政策和措施以保证企业在适当的时间和一定的岗位上获得所需的适当的人员（数和量），并使企业和员工的长期利益得到满足。

四、人员的业绩考评

人员的业绩考评是指企业按一定的标准，采用科学的方法对员工的思想、品德、学识、业务、工作能力、工作态度和成绩，以及身体状况等方面进行的考核与评定。

绩效考评是人力资源管理的重要环节。其目的在于为发现与选拔人才，为员工实施奖惩、升降、调配、培训等工作提供基本依据。通过对员工工作绩效的客观评价，有利于发掘和有效地利用员工潜在的工作能力；有利于激励员工努力工作，积极进取；有利于发现工作中的问题，使员工明确进一步改进工作的方向。

绩效考评内容：从广义上理解，绩效考评是对一个人的全面考察，内容包括：德，指一个人的政治素质、思想品德、工作作风、职业道德等；能，指一个人完成各项工作的能力，如分析问题和解决问题的能力、独立工作的能力等；勤，指一个人的勤奋精神和工作态度；绩，指一个人的工作成绩和效果；体，指一个人的身体状况。人力资源管理中的日常绩效考评，一般主要包括工作成绩、工作态度和工作能力三方面的内容。绩效评价时，应根据不同的人员、不同的岗位，确定出具体的评价项目和标准。

第四节　全面质量管理

一、全面质量管理的含义和内容

全面质量管理最早是由美国菲根堡姆博士提出的，其核心思想是在企业各部门做出质量发展、保持和改进的计划，以最优质的水平进行生产与服务，获得消费者最大程度的满意。即以顾客为中心，把让顾客满意作为检测质量的重要标准。1961年菲根堡姆提出全面质量管理的概念后，在世界各国得到广泛的推广和应用，成为各企业提高产品质量，增强企业竞争力的有效途径。

（一）全面质量管理的含义

全面质量管理是一门系统性很强的科学，是一种由顾客的需要和期望驱动的管理哲学。是以质量为中心，建立在全员参与基础上的一种管理方法，其目的在于获得顾客满意、组织成员和社会的利益。世界权威公认的全面质量管理概念是美国菲根堡姆于《全面质量管理》首先提出了的“全面质量管理是为了能够在经济的水平上，并考虑到充分满足用户要求的条件下进行市场研究、设计、生产和服务，把企业内各部门研制质量、维持质量和提高质量的活动构成为一体的一种有效体系”。

简单地说，全面质量管理，就是组织企业全体职工和有关部门参加综合运用现代科学和管理技术成果，控制影响产品质量全过程和各因素，合理高效地生产和提供消费者满意的产品的系统管理活动。质量不仅取决于各种工序，还涉及企业各部门人员。所以，质量的保证要通过全面质量管理来实现。

（二）全面质量管理的内容

内容与方法的全面性：不仅要着眼于产品的质量，而且要注重形成产品的工作质量。工作质量是产品质量的保证。通过提高工作质量不仅可以保证提高产品质量，而且还可以使得成本降低、供货及时、服务周到、更好地满足用户需求的目的。

全过程控制，即对市场调查、研究开发、设计、生产准备、采购、生产制造、包装、检验、储存、运输、销售、为用户服务等全过程都进行质量控制。

全员性，即企业全体人员，包括领导人员、工程技术人员、管理人员和工人等都参加全面质量管理，并对产品质量各负其责。

“把用户需要放在第一位”，牢固树立为用户服务、对用户负责的思想，这是企业推行全面质量管理始终贯彻的指导思想和根本原则。在生产现场，则要树立“绝不把任何次品提供给消费者”的信念。

二、全面质量管理的重要性

全面质量管理是一种现代化的质量管理，是一种以质量为核心的管理理念，是企业提高自身素质，增强市场竞争力的有效途径，已成为事实上的国际统一思维、统一语言、统一文化，已成为一种世界管理潮流。我国加入WTO以后，已成为我国企业生存发展的必然选择！

首先，全面质量管理又是控制产品质量的现代化管理方法。全面质量管理是系统的经营管理理念，产品的生产往往涉及几百个甚至成千上万套件，又要经过几十甚至上百道工序，影响产品质量的因素很多，以致一个关键细节的疏忽就会酿成难以预料的质量事故，因此，产品质量控制已经成为一个复杂的系统工程。全面质量管理又是一门新兴的、与时俱进的管理学科，它把一切能够促进、提高和改进产品质量的自然科学与社会科学的成果都吸收、应用到管理中来。帮助人们对产品质量进行定量分析，在生产经营活动中用科学说话，及时正确的给经营决策部门和质量控制部门提供动态质量信息，合理地调整生产系统和控制产品质量。其次，全面质量管理还要求与产品质量水平相适应的技术基础工作。它包括标准、计量、检验、设计图纸、工艺规范的正确、先进，包括与产品水平相协调的设备管理、生产环境、工程能力等。现代的专业技术和管理技术是现代化工业生产的两个轮子，缺一不可。最后，全面质量管理最讲实事求是。它要求所有的数据、图表、曲线真实可靠，反映生产现场的实际情况，反馈工序过程的真实状态。

全面质量管理运行至今天，已成为企业管理的核心内容之一。没有质量，企业就会在市场竞争中走向消亡，企业的质量比企业中的任何领导人对企业的指令都更具有约束力和控制力，是任何人为的力量都不可取代的！

三、全面质量管理的特点和原则

全面质量管理是由企业各部门和全体职工参加，综合运用现代管理技术与方法，通过质量保证体系，对影响产品质量的全过程和各种因素进行控制，以确保产品质量的稳定与提高的系统管理活动。

（一）全面质量管理的特点

第一，全面的质量含义。质量不仅包括产品的质量，而且包括工作质量。产品质量是企业各部门工作质量的最终体现，工作质量是提高产品质量的基础和保证。

第二，全面过程的管理。产品质量是在企业生产经营的全过程中形成的，因而质量管理也必须渗透到生产经营的全过程之中。

第三，全员的管理。产品质量是全体员工工作质量的体现，因而要动员每一名员工积极服从质量管理工作，实行全员管理。

第四，多种多样的管理方法。全面质量管理综合运用多种管理技术和方法，大大提高了管理的科学性。

（二）全面质量管理的基本原则

第一，质量第一的原则。全面的质量是企业在现代市场激烈竞争中的立足点，是企业的生命，因此，必须把质量放在各项工作的首位。

第二，一切为用户服务的原则。全面质量管理是从了解用户需要、到经济有效地满足用户要求的经营性管理，用户满意是产品质量的最高标准。

第三，预防为主的原则。全面质量管理要求“防检结合，预防为主”，重点放在“事先控制”上，努力做到防患于未然。

第四，一切用数据说话的原则。全面质量管理以质量数据为依据，全面进行质量分析，把握质量运动的特点和规律，从而有效地进行质量控制，保证了质量管理活动的科学性。

第五，一切按PDCA循环管理的原则。PDCA循环管理是全面质量管理活动的标准化程序，按照这个程序开展活动，可以有效地提高质量管理工作的效率。

（三）质量保证体系

质量保证体系是企业在生产经营过程中建立的严密、协调、高效的全面质量管理系统，包括设计试制、生产制造、辅助生产和销售使用四个过程的质量保证。质量保证体系的运行方式就是PDCA循环，是评划—实施—检查—处理这一过程的简称。4个阶段分为8个工作步骤，计划包括找出现存问题、分析产生问题的原因、找出主要原因、制定改进措施4个步骤；实施、检查分别为第5、6两个步骤，总结处理包括总结经验、找出尚未解决的问题第7、8两个步骤。

质量管理中要运用一些统计分析方法。常用的有排列图法、因果分析图法，以及相关图法、直方图法和控制图法等。

第三章　现代企业管理创新

改革开放给企业的管理创新开拓了广阔的空间。企业必须放弃计划经济时期的思维方式和方法，要面向市场，努力寻找和探索市场经济条件下新型的管理思想和管理方法，在实现制度创新、技术创新的同时，实现管理创新。

第一节　企业管理创新概述

一、企业管理创新的原则与任务

（一）管理创新的基本原则

（1）要适合现时的国情，要有利于改革开放和安定团结企业所推出的管理创新措施，在对企业有效进行管理和提高企业经济效益的同时，不得将矛盾推向社会。

（2）要符合市场经济的运行原则。要按照市场经济的原理设置创新内容，使其符合市场经济条件下的法律和法规。要一切从市场出发，按照市场需求组织实施生产、销售、售后服务、信息反馈、科研开发，再到生产的全过程管理。

（3）要适合企业情况。由于行业不同、产品不同，新老企业和企业所有制性质不同，企业所遇到的问题是不完全相同的，研究企业管理创新时也要区别情况，根据自己的实际去探索有利于本企业发展、适合本企业情况的管理创新方法。

（4）要以提高企业的经济效益为目的。

（二）管理创新的主要任务

1．实现由粗放型经营向集约型经营的转变

长期以来形成的工业水平处于粗放经营的状态，具体表现在：一是能源原材料消耗高；二是技术装备低；三是生产设备利用率低；四是行业集中度低；五是地区趋同化严重。造成我国经济增长方式以粗放式经营为主的原因是多方面的，如长期实行高度集中的计划经济体制，投资主体权责不明，财、政分灶吃饭，企业债务负担沉重等原因。但要解决这些问题，除宏观调控、产业结构进行调整外，企业管理也要进行改革、创新；否则，难以适应变化了的新形势。

2．防止企业管理严重滑坡

某省对企业管理状况进行深入调查，发现在转换企业经营机制、深化内部改革方面，有70%的企业有所提高，20%保持原有水平，10%的工作没有起色；在基础管理方面，有25%有所提高，30%保持原有水平，45%在滑坡；在专业管理方面，23%的企业有所提高，40%的企业保持原状，37%的企业有滑坡；在现场管理方面，20%的有所提高，27%的保持原状，53%的有滑坡；在经营战略、产品结构方面，63%的有所提高，27%的保持原状，10%的起步缓慢。从这一组数据可以看出，在转换机制和深化内部改革及经营战略、产品结构方面，多数企业都有不同程度的提高，但在专业管理、基础管理特别是现场管理方面滑坡的比例较大。企业管理严重滑坡，一方面说明了确有一些企业的领导干部不重视管理，另一方面也说明已往的管理方法已不完全适应企业的新变化，企业管理只有通过创新，修订和增加新的内容，才能给企业带来活力，达到有效管理，提高经济效益之目的。

二、企业管理创新的程序

管理创新是一个创造过程，它要求创新者具有较高的智慧、知识和经验；管理创新也是一种系统行为，它由多因素、多阶段构成，通常要经过以下几个阶段：

第一阶段，产生创新愿望。由于组织内外环境的刺激，开始出现危机意识并在创新机制的作用下，产生创新激励、形成创新氛围等，进而产生创新愿望。创新愿望的产生包括：

（1）自我发动，即因生存状况或发展存在问题，或是为了其他创新的内在要求，而有了创新冲动。

（2）环境诱发，即因外部环境的变化，特别是竞争的加剧，而使组织必须创新。在这一阶段，应注意各层管理人员的创新思想。因为，各层管理人员是从不同的角度进行创新，而且其创新思想必须得到上层管理人员的认可才能实现。故在这一阶段，要特别注意沟通，使组织成员的创新思想能被高层人士所了解。

第二阶段，进行创新定位。在具有创新愿望的基础上，深入细致地调查研究，分析创新的必要性和可能性，确定创新目标、领域及程度，还要根据条件确定创新的基本原则。

第三阶段，形成创新方案。在这一阶段需要做大量的工作，运用多种新方法和手段提出具体的解决问题的创新构想，并在创新条件、创新原则、创新目标等的约束下，对各种创新思路进行比较、筛选、综合及可行性评价，以形成一个具体的、切实可行的创新方案。

第四阶段，实施创新方案。这是创新行动的实质性阶段。创新的组织者在一定的创新目标导向下，实施创新方案。这一阶段要注意，同步创新条件下的实现和主要的信息反馈，以适当地修正创新方案，确保创新的实现。

第五阶段，创新的评价与总结。经过管理创新方案的实施，在管理领域会出现新的范式，随着这种模式的日益稳定，管理创新的效果也日益显现，这时应评价和总结这一创新成果。这个过程还可以进一步比较、发现与外界的差距，形成新的创新冲动，促成更深层次的创新。

第二节　企业管理创新方法

一、训练系统的思维方式

人们在进行思维活动的时候，总是按照一定的模式进行思维，并由此形成决策和采取行动，这种现象又称为思维的心智模式，它是阻碍我们产生管理创新的一个主要因素。所谓心智模式，是指根深蒂固于人们心中，并影响我们如何了解这个世界以及如何采取行动的许多假设、成见或图像等。心智模式是长期逐渐形成的，它与每个人的经历、生长环境、教育情况等密切相关。心智模式一旦形成，就会使人自觉或不自觉地以某种固定的思维方式去认识和思考问题，并用习惯的做法去解决问题。所以，要进行管理创新，必须打破现有的心智模式的束缚，有针对性地进行诸如系统思维、逆向思维、开放式和发散思维的训练，并通过综合、改进现有知识、管理和技术创新等多种途径，进行管理创新。

二、更有效地利用管理方面的知识

知识依其存在方式和内容的不同，通常可以分为：描述性知识（Know-what）、分析性知识（Know-why）、运用性知识（Know-how）。在知识经济中，智能通过对信息和理论的综合和运用，创造出新的事物，形成新的生产能力。因此，智能在知识经济中是起主导作用的知识。由于管理科学的客观存在性和实践应用性，人们已经形成了有关管理科学的共识，即管理是运用性知识。Barmard早在多年前就提出了将管理这种运用性知识称之为“艺术”的论断，他认为“艺术”属于一种“行为知识”，强调只有通过实践才能学到“艺术”，Barnard的论断至今仍有很强的指导意义。

三、把研究开发和市场营销作为关键

在知识经济中，企业以生产为主要内容的经营方式已经过时，企业开始为自身发展而承担更多的社会责任。知识经济对企业而言，将意味着更多的科学技术投入，更频繁、更广泛和更深入的职业教育投入，更加灵活多样的绩效考核和评估，更多地为顾客（对外）、为职员（对内）服务。以知识为基础的经济竞争，使企业经营将更加复杂。企业必须为适合不同的顾客群的不断变化的精神需求和物质需求而做出巨大努力，这就要求企业职能进行相应的转变。企业在历史上每一个经济发展阶段处理生产与经营、研究与开发等关系都明显不同。在工业经济时代，企业把重点放在生产阶段。在知识经济时代，随着知识经济化趋势的发展，制造业将不断标准化、自动化、智能化，人力劳动将开始被排除在生产过程之外，取而代之的是“智能机器”，劳动本身也在变，将出现柔性的工作组织，扁平化的组织结构，灵活的工作时间、场所以及计酬制度的变化。企业在生产制造方面将差别不大，决定企业竞争能力的关键就是研究开发和市场营销，而这正是高智能的体现、应用和实践。在知识经济的发展中，会使消费资料构成发生变化，从根本上改变社会消费方式。

四、强化人力资源开发

在知识经济时代，资源的开发将显示出崭新的意义和特征。信息、教育、知识已是知识经济时期制约经济发展的三大新的资源。对这三大新资源的开发水平与利用程度将从根本上决定经济的开发水平与质量。根据我国的国情，一方面由于工业经济未能得到长远的发展，另一方面知识经济的挑战又悄然而来，因此在资源的开发和利用方面就面临双重任务，既要大力开发“技术、市场、管理”三大资源，又必须及时地开发“信息、教育、知识”新的三大资源。

事实证明，开发人力资源已成为推动知识经济成长的重要的基础性工作。在未来的世界，一个国家要在世界上取得优势地位，主要依靠的不是物质资源，而是掌握先进思想和技术的人力资源。未来世界范围的经济竞争，归根到底是人才和全民族素质的竞争。人力资源已成为国家、民族、个人在21世纪的经济竞争中保持主动、赢得优势的第一资源。强化人力资源的开发是企业管理的重要任务。

五、要求企业家成为创新管理者

知识经济的实质是高技术经济、高文化经济、高智力经济，是以智力资源为依托的经济，是可持续发展的经济。发现、培养、挖掘人才，是知识经济对企业家的基本要求。知识经济的核心是创新，因此企业家必须具备这样的品格：一是创造性思维，善于洞察和想象，使管理工作有合理的前瞻性、科学性；二是风险意识，有远见、不怕失败、敢做超前性的工作，有不达目的誓不罢休的毅力；三是创新的技巧，在创造思维和不怕风险的同时，还必须有科学依据，有可行的操作措施；四是新时代的风格，面对知识经济的挑战要善于学习，敢于实践，善于团结和合作，尤其要善待因创新而失误者；永不满足，经常自我挑战；五是服务功能创新，优胜劣法的竞争机制推动着企业不断创造出更高的劳动生产率，以服务创新去赢得竞争，以更优的产品、更好的质量、更新的技术、更好的服务去赢得市场。随着我国知识经济的发展，社会需要大批的创新管理者，全社会只有为创新管理者的成长提供良好的社会环境，才能培养出大批创新管理人才，才能促使有中国特色的知识经济快速发展。

第三节　国有企业管理创新

一、制度创新是国企管理创新的必要前提

（一）重塑国有企业产权组织结构

1. 构建国有资产管理新机制

（1）政企分开，构建新型代理模式

由国家代表全民对国有资产拥有所有权，中央和地方的国有资本经营管委会是经营国有资产的总代表，专司国有资产所有者职能，实现政府的社会经济管理职能与资产所有者职能的分开。这种资产委托代理机制可在很大程度上降低代理成本和解决代理问题。但要使可能变为现实，还需要将建立有效的监管激励机制作为前提。

（2）强化对各级代理人的激励与监督，规范他们的行为机制

第一，强化初始的委托人对所有者代表的监督。第二，强化所有者代表对次级代表的激励约束和规范次级代表的行为。第三，同时规范国有控股公司行为。第四，强化所有者代表对派往企业的产权代表的监督。

（3）代理模式仍然是一种多级代理，其代理问题不可能完全克服，代理成本也无法消除。因为每一层级的激励不相容和信息非对称问题都或多或少的存在，所以无论委托代理关系的哪一层级，都有一个管理幅度的问题。

2. 完善国有公司内部激励约束机制

（1）严格按公司法律、法规产生董事会、监事会和经理部门的人选。在董事、监事的成员构成上，要体现股权平等原则，同时适当吸收公司外部成员担任，恰当的内部董事、监事与外部董事、监事的组合是最有效率的制度安排。同时为了妥善解决“新三会”与“老三会”的关系，“新三会”中要吸收一定比例的“老三会”成员，但是必须防止“新三会”与“老三会”的简单拼接。

（2）严格按公司法规限定股东会、监事会、董事会及经理部门的职能和权限，防止权力交叉与利益趋同，健全“二会四权”的制衡机制。

（3）实行股权多元化和法人交叉持股。对于竞争性国有企业来说，在股份制改造中要建立有效企业治理结构，必须引入多元投资主体，这不仅有利于扩大筹资渠道，更重要的是有利于通过调整股权结构，分散股权，改变国有产权代理的低效率。在我国资本市场还欠发达阶段，允许法人相互持股也是必要的。因为法人相互持股有利于持股企业间的相互制约机制。

（4）健全国有公司中经理人员的激励和约束机制。如何对企业经理人员的行为进行激励和约束，使改制后的公司企业的运行纳入程序化、规范化

的轨道，是建立现代企业制度中一个极为重要的环节。

3. 国有资产价值化，构建新型“混合所有制企业”

在对国有资产进行科学评估的基础上，将国有资产由实物形态转化价值形态，由于价值化后，资产就具有可分割性和易流动性，这样就可以节约进一步产权界定的费用。然后，向个人或个人投资机构或基金组织出售和出租国有企业的部分股权，通过吸纳个人或其他经济股份的资本，在公有制的基础上重建个人所有制，利用个人拥有剩余索取权的激励，带动国有资产的有效营运，使企业走向“既是个人的又是公共的”混合所有制状态。

（二）完善产权交易转让制度，发展产权市场

1. 为准确评价国有企业资产价值提供市场参照

产权市场的存在与发展，不仅使其与产品市场、劳动力市场及资本市场等共同构成完整的市场体系，还通过产权市场机制所给出的价格信号，大体反映了企业资产的实际情况及资本资源的相对稀缺程度，而准确评估国有资产的价值，是企业产权改革的基础性前提。产权市场的价格信号，为评估国有资产价值提供了重要的市场参照。

2. 为企业引入多元产权主体的改组提供低成本的市场安排

国有企业产权主体只有国家这一元，通过国有资本投资公司、基金机构、保险公司、商业银行和信托投资公司等投资者在产权市场上公开、公正、公平竞争，将国有产权让渡给符合条件的机构，从而实现国有产权结构改组。

3. 为产权流动性的实现提供必要途径

只有当多元化的产权主体和资本市场同时存在时，产权流动才有了前提和基础。各种利益主体通过产权市场，根据投资的风险和预期收益，决定“进入”或“退出”。这样资源的配置也就能较好地体现并反映资源的相对价格，社会经济得以运行在体现经济效率和合理性的轨道上。首先，发展多层次的产权交易和转让。其次，发展多元产权转让主体。最后，发展多种产权转让方式。

二、观念创新是国企管理创新的精神基础

（一）管理理念创新

知识经济时代，企业的经济增长已经从依靠资本积累转向依赖于知识的积累与更新。知识经济全方位管理与创新已成为企业取胜的法宝。中国企业应该以中西管理理论为指导，结合自身的具体条件，围绕下述几个方面建构自身的经营管理理念：（1）在发展模式上应以提高竞争力为核心，慎重选择“多元化”和“专业化”战略，有条件的企业在构建集团优势的基础上，参考国外“虚拟企业（virtual Enterprise）”和“模块组织管理”的发展模式。（2）重视现代意识管理和智能资本管理。（3）创建企业文化，推进文化管理战略。

（二）经营战略创新

经营战略是对企业长远发展的全局性谋划。经营战略创新直接来源于管理理念的创新，对构建企业核心竞争力和可持续发展具有十分重要的作用，关系到企业的生存和发展，有利于企业长期保持竞争优势，在激烈的市场竞争中占得先机。

国有企业的管理者应树立“战略随着环境走，能力跟着战略行”的观念，采取战略分析、战略制定、战略选择、战略实施等步骤。总结成功企业战略管理的经验，有以下特点：其一，重视分析企业外部环境，及时把握环境变化带来的机会，有效避开企业发展的种种威胁。其二，重视分析企业条件的优势和劣势，有针对性地改善内部条件，适应变化的环境。其三，企业战略要对企业内部的优劣势和外部环境机会与威胁进行综合分析，据此对备选的战略方案做出系统的评价，通过采用SWOT法［这里S是指企业内部的优势（Strenghs），W是指企业内部劣势（Weaknesses），O是指企业外部环境的机会（Opportunities），T是指企业外部环境的威胁（Threats）］对企业经营收益、风险、利润相关者的反应、市场前景等做出评价，并领导、组织、管理好经营战略创新的过程。

三、技术创新是国企管理创新的现实基础

企业是一个复杂的非线性的大系统，在企业内流动着劳务流、资金流、物流、信息流、能量流等资源。要提高竞争能力，必须使所有资源处于一种科学、合理并且先进的管理模式下运行。这种模式的实质就是以市场需求为导向、以系统观念工程为指导、以现代管理技术和方法为支撑的综合的、系统集成的、整体优化的管理系统。现代科学技术的发展，为加强企业管理提供了全新的条件。要重视和广泛采用现代管理技术、方法和手段来加强管理，把在建设国有企业的长期实践中创造的行之有效的企业管理方法与国外企业的先进管理方法结合起来，逐渐扬弃并改变以前的管理方法，从市场预测、成本分析、产品设计、生产准备、库存物流、加工制造、产品销售到售后服务全过程探索新的管理方式方法。信息产业的兴起和市场的国际化发展，从根本上动摇了20世纪的管理技术，有关生产的新概念、新方法层出不穷。工业发达国家已经进入了以广泛应用计算机辅助管理和精神生产为代表的现代管理阶段，而我国大多数国有企业尚处于经验管理阶段，所以当务之急是应用现代信息技术进行管理，实现企业管理的信息化。

随着国有企业的发展、市场规模的扩大，一方面企业内部管理日益复杂化，另一方面市场需求的快速变化和竞争形势的变化又要求管理者提高反应速度。要解决这两者间的冲突和矛盾，只有积极引进先进的管理技术，尤其是动用现代信息技术来提高管理的效率和质量。运用现代的信息处理技术，对于提高管理效率和水平具有重要的促进作用。企业管理信息化的核心是运用现代信息技术，把先进的管理理念和方法引入到管理流程中。企业资源计划（ERP）、供应链管理（SCM）、客户关系管理（CRM）等综合性管理信息化系统，涉及企业生产经营的全过程，这些管理技术的应用不仅给新产品、新技术的开发提供了有效的技术手段，还改变了传统生产、经营模式和经营思想，促进了企业管理的高度集约化和信息的共享，有助于全面提高企业管理的效率和水平。我国企业管理信息化建设仍处于起步阶段，因此，广大企业尤其是大中型企业应充分认识管理信息化的重要性，大力推进管理信息化建设。

四、机制创新是国企管理创新的持续动力

传统体制下的国有企业管理既缺少动力机制，又无自我约束机制，直接制约和影响着国有企业效率和效益的提高。因此，国有企业必须适应市场经济的要求，进行管理机制创新。首先，要形成企业管理的动力机制。除了加快企业改革，真正做到自负盈亏以促进企业提高改进经营管理的积极性外，企业还应当重视人力资源的开发与利用，把依靠工人阶级办企业真正落到实处，充分调动职工的积极性和创造性，使每个人都感到才有所用，力有所展，劳有所得，功有所赏，从而自觉地努力工作。其次，要不断健全和完善企业自我约束机制。在传统体制下，企业约束力主要来自企业之外的政府，因此在国有企业开始进入市场后，一方面显得缺乏经营自主权，另一方面有了自主权时又缺乏自我约束力，因而一段时间内许多企业出现了短期行为。因此，国有企业要加快完善自我约束机制，一方面要用好经营自主权，放开手脚依法自主经营；另一方面又要建立企业行为的监督和约束机制，落实自负盈亏的责任。此外，企业领导班子建设是企业改革和发展中的一个大问题。搞好企业经营管理，需要一支懂经营、善管理的企业领导人员队伍。因此，在企业管理机制创新时，尽快建立和健全企业领导人员选拔机制、培育机制、激励机制以及企业领导者监督机制，也有着十分重要的意义。

五、文化创新是国企管理创新的内在源泉

经济竞争的最高层次是文化竞争。放在社会的大背景中，企业文化的改革和完善是社会整体改革的前奏和量化积累。就企业本身而言，企业文化是以企业家精神为核心的独特的思维方式、行为方式和企业形象，是在长期生产经营过程中形成的并为全体员工遵守和奉行的价值观念、行为准则和审美理念的集合反映。中国大部分国有企业有形资产已初具规模，企业文化建设面临一场革命。明智的企业家应将视野扩展到文化领域，将企业文化作为经济运行的深层背景和操作方式，努力将文化效益转化为经济效益。中国的国有企业与外国企业有很大不同，它们脱胎于政府机构的行政附属物，承担着许多社会功能，是一个特殊的小社会。随着国有企业改革的逐步深入，“企

业办社会”的功能是必须剥离出来的，但是这种剥离需要有一个过程。现在虽然国有企业已经开始建立现代企业制度，但是原有的浓厚的行政色彩却并未因此而消失，在计划经济体制条件下形成的特殊的文化氛围以及人际关系仍在起作用，尽管它们有不合理之处，但是在构建新型企业文化时，必须充分考虑到这种特殊情况。文化具有传承性，由旧文化转型为新文化，一方面必须重新整合赋予旧的企业文化以新的内涵；另一方面，必须紧紧盯住世界企业文化创新的趋势。对我国国有企业来说，企业文化创新的关键是把东方儒家文化的精华与西方现代管理科学有机地融合起来，创立符合国有企业实际的具有中国特色的新型企业文化。笔者在此强调点：①企业文化应该是有个性的，不但不同行业的国有企业文化应该各具特色，而且同一行业的企业文化也应有所不同。②在一定意义上讲，企业文化是企业管理的全部内容，所以不能把企业文化作狭义理解。时代要求中国国有企业职工要自觉进行企业文化意识培养，实现自身文化创新，成为企业文明的代表。③过去的企业文化模式，它们都产生于过去的社会环境和经济基础，并不能代表现在和未来的企业文化模式。对于日趋人道化社会和人性化的产品发展方向，企业必须寻找更高形态的企业理念和企业文化模式。就这个意义上讲，企业必须拥有高尚的人格理想、高级的社会理想和道德的行为理想，企业应该成为新文化的开拓者。

培育企业精神，建设企业文化和企业形象。企业精神对我国的企业并不陌生，而企业文化和形象建设是20世纪80年代以来企业管理理论丛林中分化出的一种新理论，被人们称为管理科学发展的“第四次革命”或新阶段。一些西方学者已认定，“21世纪创新企业经营模式”的重要方向之一，是“文化创新的方向，企业文化的创造与渗透”。企业未来的文化与形象建设的深化，主要应在以下方面努力：一是致力于企业价值观的塑造。因为企业文化的核心是企业精神，企业精神的核心是企业的价值观，企业形象识别系统的核心是企业的理念识别系统。企业的价值观是企业广大职工对客观事物、对自己从事生产经营活动意义的总看法和总评价，是劳动者的价值观念在生产和生活中的沉积，它对构成企业文化、企业形象的诸要素，即企业的经营宗旨、经营战略和职工的行为规范等起着导向和决定作用。没有正确价值观的企业，就像人没有灵魂一样。二是分外突出本企业的气质和个性。在未来国内外的市场竞争日渐激烈的情况下，企业自己的经营没有特色，产品没有特性，管理没有气质，不能使广大消费者感知到与其他企业的差别，很难有自立于国内市场之林的能力。目前我国企业在这些方面存在的问题，主要是对企业精神、企业文化、企业形象建设内容的归纳和升华中的雷同化，没有自我个性，所以成效不大。为对付未来的竞争，必须改变这种状况。

第四节　中国家族企业管理创新

一、家族企业管理创新的内容

从家族企业管理创新的目标模式中不难看出“以人为中心”的管理创新系统可分为四大部分，即观念创新、战略创新、制度创新和组织创新，这也就是家族企业管理创新的主要内容。

（一）观念创新

所谓观念创新，就是要具有领先时代的经营思想和经营理念，这是企业生存和发展的先决条件。观念创新对企业来说绝不是一件容易的事情，对家族企业更是如此。但事实也证明，企业一旦实现观念创新，就很有可能在市场竞争中持续快速地发展壮大。所以，在世界经济呈现全球化和一体化特征的今天，要在市场经济条件下激烈的竞争中站稳脚跟，求得可持续发展，家族企业必须变革观念，解放思想，适应迅速变化的企业内外环境。

（二）战略创新

所谓战略创新，即为了适应未来竞争的需要，企业对其过去的经营战略进行改造和更新，以期实现长期持续快速的发展。纵观国内外企业界，大凡经营长期持续快速发展的国际知名企业，都十分注重抓好自己的战略创新。从我国目前的家族企业实践来看，虽然大部分企业制定有关于企业生存和发展的局部或阶段性计划，但从总体来看，计划缺乏动态性、系统性、稳定性和长远性，从而在某种程度上导致家族企业高成长率和高死亡率并存的局面。因此，家族企业实施战略创新很有必要，面对国内国际复杂多变的市场竞争，家族企业要以强烈的竞争意识和危机意识，认真思考自己的发展战略，着眼于长远发展，改变短期的利润目标，实施具有创新实质的经营战略，来提高企业的管理水平和经济效益。

（三）制度创新

制度创新是指引入新的制度安排以代替原来的制度，大的如整个国家的经济体制，小的如具体企业的组织形态，它是制度变迁的一种表现形式，专指那些积极的、发展的而富有成果的制度变迁。企业制度是由许多不同方面组合而成的，如产权、分配、财务等制度。然而，在这些制度中，产权的明晰以及产权结构的合理性是降低机会主义行为的必要前提条件。相反，模糊的产权安排，必然导致资源在生产和分配上配置效率的下降。因此，产权对企业来说极其重要，它决定着企业经济活动能否形成，以及形成之后是否有竞争和分配上的效率。

（四）组织创新

组织创新主要是以组织变革和组织结构形式为研究对象。那么，组织创新可被认为是根据外在环境和内在条件的变化对组织的目标加以变革，采用新的高效运转的组织结构形式以维持本身的均衡，从而达到组织生存和发展的调整过程。

目前，我国家族企业组织结构的实际情况是，相当一部分的家族企业还停留在直线职能制组织结构，即便是一些已初具规模的家族企业也不例外，其规模扩张速度与组织结构的变革并不同步。这种结构的缺点是管理层次多，信息沟通困难，权利高度集中，高层经理们易陷入日常生产经营活动，无法做好长期性的资源配置工作。因此，金字塔式的层级结构已成为这些企业进一步发展的阴碍，其组织结构的创新已成为当务之急。

二、家族企业管理创新的途径

（一）树立科学人才观

科学人才观是指导人才工作的世界观和方法论的集中体现，是科学发展观在人才工作上的深化和拓展。准确把握、牢固树立科学人才观，必须深刻理解、牢固树立“人才资源是第一资源”“人人都可以成才”“以人为本”的观念。树立人才资源是第一资源的思想观念，就是要充分认识人才是经济社会发展的重要推动力量，人才资源开发对于经济社会发展所具有的基础性、战略性、决定性作用。人才资源是第一资源的观念直接揭示了人才的社会价值，说明了人才工作开展的前提、基础和现实意义，是科学人才观的立足点。柄立人人都可以成才的思想观念，就是要明确什么是人才、人才的标准是什么、人才的评价机制是怎样的，以及人才培养的途径等一系列问题。人人都可以成才的思想观念凸显科学人才观的特点，规定了人才工作最基础的内容，是科学人才观的着力点。树立以人为本的思想观念，就是要把促进人才健康成长和充分发挥人才作用放在首要位置，努力营造鼓励人才干事业、支持人才干成事业、帮助人才干好事业的社会环境。以人为本的思想观念明确了人才工作的最终目的与任务，是科学人才观的根本出发点和最终落脚点。人才资源是第一资源、人人都可以成才、以人为本的观念，环环紧扣，相辅相成，构成了对人才问题全面系统的科学认识体系，使人才工作理论形成为一个完整有机的整体。

没有人才，没有高素质的员工队伍，企业就没有了发展的后劲。因此，家族企业必须建立以信息、知识为主要特征的人力资本观，积极引进高层次的管理人才和技术人才，加强员工的培训和教育，开发其创造力，做到任人不唯亲，人人皆可为人才，人人皆可为我所用，建立科学合理地人员安排机制，放弃“内外有别”的用人机制。

（二）加强战略管理

首先，应对企业的外部环境和内部条件进行分析。对不断发生变化的企业外部环境进行分析，可从行业竞争性分析、战略集团分析和竞争对手分析以及宏观环境分析展开。把握形成现状和发展趋势的诸多因素，为家族企业重新制定战略目标提供充分的判断基础。其次，调整企业战略。家族企业通过对所处的环境和自身的资源进行分析，从而发现机会和威胁，识别自身的优势和劣势。然后，对企业的宗旨和目标进行修正，并在此基础上，在公司层、事业层和职能层分别调整战略，从而确保企业发展目标的实现。

（三）建立现代企业制度

对于具有一定规模的家族企业来说，要适应日渐规范化的市场经济，就必须进行产权制度创新，建立现代企业制度，这需要从以下几个方面入手：

1. 明晰产权关系

首先，企业内部引入股份制，划清家族成员之间的产权界限。其次，划清与挂靠单位的产权界限，应明确企业的性质是集体所有制还是私营经济，是界定企业产权的前提和关键。在处理过程中，应参照“谁投资，谁所有”的产权界定原则。

2. 优化产权结构

产权多元化是优化产权结构的有效途径。产权多元化有多种途径，例如吸纳国有、集体和其他非公有制的资金入股，加盟到企业股东的行列；通过与其他企业合资合作、合并、兼并等形式，或者与其他企业形成企业集团实现资本社会化；将股权奖励给有突出贡献的员工，调动他们的主动性和积极性；有条件和上规模的家族企业可以通过上市，引入社会公众投资者，这也是实现产权多元化的一个重要方式。

3. 完善公司治理结构的董事会设置，引进职业经理人

家族企业的产权实现多元化以后，经营管理应向现代企业制度看齐，转变企业经营机制，实现企业的所有权与经营管理权的分离，使管理由家族化走向社会化，使家族企业向现代股份公司制转变。在治理结构上打破家族垄断，采用现代公司治理结构的科学管理模式，实行董事会领导下的总经理负责制，形成股东会、董事会、监事会和经营者各自独立而又相互制约的关系。

此外，企业主只任董事长，把经理的职位让给专门从事管理工作的职业经理人。所有权与管理权相分离，可以充分发挥管理优势。通过对专家的

聘任和有效使用，可以充分挖掘企业的管理效益，弥补一些企业主在管理方面的劣势；另一方面有利于企业所有权的整合。所有者同时又是管理者，必然引起不同所有者在管理企业时的矛盾和摩擦，降低管理效益。通过两权分离，使管理权集中在经理人手中，从而通过经理人保证企业财富的增值，所有者按股享受收益，更加有利于家族企业的长足发展。

（四）建立学习型企业组织

1. 建立终生学习机制

学习型家族企业强调学习，强调企业内个体和团体学习能力，并把工作的过程看成是学习过程。建立学习机制应注意几方面：以信息反馈为基础的学习，在反思中学习和学习中反思，以信息共享为基础的学习。就其内容来说，可开展以下两个方面内容的学习：一是人生观、道德观的学习。要抓好思想品德、职业道德、社会公德和家庭美德教育，坚持以德育人，提高员工的道德素质和人生价值。合肥江淮汽车有限公司始终坚持把健康的品德、扎实的作风、正确的价值观、积极的人生态度视为人才应具备的首要条件，而把品德放在优先地位，提出“塑人品，出精品”的口号，并落实在行动中，在创建学习型企业过程中取得了丰硕成果。二是职业技术学习。建立与企业发展战略相匹配的员工培训开发体系，努力改变传统而机械式的教育机制，向以能力开发为主、个人智力开发为主的现代企业教育的转变；努力实现主要由培训组织开展的刚性教育体系向全员自主参与、终身学习的柔性教育体系转变。

2. 建立有效的激励机制

学习型家族企业需要建立并完善学习和创新的激励机制，以最大限度地激发个体和团体的潜能，形成推动企业发展的强大动力。在具体实践上应注意两方面的结合：一是将公平竞争与系统思考有效结合起来。创建学习型组织的根本目的是形成公平的竞争环境，提高竞争力，让企业内的个体和团体克服固有的惰性，激发自身活力，改进学习，提高效率。同时，也要注意用系统思考方法分析竞争过程中存在的问题，要用客观、合理、适用的标准进行考核，从而使竞争在企业内部真正发挥激励作用。二是将物质激励和精神激励有效结合起来，发挥榜样的示范效应。学习型企业是以人的发展为中心，注重人本管理。在激励机制建设过程中，不仅体现物质激励，更要注意精神激励，将项目奖励与常规激励相结合，特别是要加强对先进典型的宣传，强化典型的示范作用，并带动全体员工奋发向上。从而使员工产生成就感、自信心，使激励效应具有延续性和持久性。

3．建立通畅的信息反馈机制

良好的信息反馈机制是学习型企业的重要内容。在企业内部建立良好的信息反馈机制，能敏锐、准确地洞察企业运行状况，及时发现问题，解决问题。通过信息反馈机制培养员工关心企业，注重企业决策的制定和实施。反馈机制主要包括学习的信息反馈机制和决策的信息反馈机制。家族企业在对全体员工进行职业技术和道德教育时，必须建立学习的反馈机制，将员工的学习状态和成效及时反馈到领导决策层，以便对学习内容和学习方法进行反思，并培养员工良好的学习习惯。关于决策反馈机制的建立，是因为领导层的决策最终通过全体成员加以落实，决策正确与否，最先感知的是第一线的员工。因此，建立良好的决策信息反馈机制，企业领导就能及时得到决策的执行状况和效果，避免武断和失误所造成的损失。建立畅通的反馈机制需要良好的信息环境，包括畅通的信息传递渠道准确的信息反馈内容、高明的信息传递手段等，这些都需要一定的制度来保证。

4．建立持续的创新机制

创新是家族企业发展的灵魂。对于家族企业来说，创新包括产品创新、技术创新、文化创新和管理创新。其中，最重要的是管理创新，它不仅是管理模式的变革，而是要建立一种创新机制，为企业内员工的创新活动及成果提供激励和保障，提升企业持续的创造力。就我国家族企业的现状而言，建立创新机制应充分考虑四方面因素：一是创新机制必须面向市场，即家族企业的一切创新必须服从和服务于市场竞争的需要，使企业在创新过程中成为市场竞争强者。二是激发员工的创新意识，即培养员工的创造力。培养员工的创造力是创建学习型家族企业的重中之重，因此要通过共同远景目标和各种激励机制，使员工最大限度地发挥自己创造潜能。三是强调领导的创新意识，即企业领导者首先树立创新思想，并带领员工走创新之路。领导者是家族企业的设计师和缔造者，只有领导者带头推行全新的管理理念，才能有助于企业创新环境的形成，从而培养企业持续创新能力。四是制度配套，即制度配套是企业创新的重要保障。创新是一种挑战，因此要有宽松和谐的环境，创新成功是企业的追求，但也要允许失败。因此，企业在鼓励创新时，要在经费投入、激励约束等方面形成制度，以唤起员工的创造欲望，充分发挥其想象力和创造力。

第四章　企业文化与企业发展

企业文化是指企业在发展过程中形成的具有企业特色的思想作风、规章制度、行为方式、价值观念以及道德规范等各种精神因素的总和。企业文化是企业发展的重要前提和保证，企业应当建设优秀的企业文化，以适应社会市场经济和国际化的要求，提高竞争力，取得更加良好、快速、长远的发展。

第一节　企业文化与企业发展的关系

一、企业文化

（一）企业文化的概念

关于企业文化主要含义的分析，我国专家和国外专家对此有着不同的看法，但从总体方面分析，实际上，企业文化就属于企业在发展的过程中所形成的一种文化理念，企业文化中凝聚着企业员工的精神力量和企业发展的历程，从企业文化中我们可以看到一个企业成长时的艰辛，企业员工合作团结精神，同时，也能看出企业的道德风范。如果从本质上对企业文化进行分析，企业文化又是一种文化现象，企业文化的形成标志着企业的诚信度，并且也渗透着企业的管理观念，企业文化与企业发展息息相关。但是，如果从管理层面探讨企业文化，可以发现，企业文化不仅仅是一种文化现象，也是企业管理方式的展现。这样我们就可以将企业文化分为三个层次：首先是内层文化，内层文化包含着企业的精神文化，精神问题体现着企业员工的价值观念和工作意识等。其次是中层文化，中层文化是企业在发展的过程中所制定的制度和规则，这种文化在企业中起着引导和制约的作用。最后则是外层文化，企业在发展的过程中必须要创建属于自己独特的企业特色等，这样才能吸引合作单位。

（二）企业文化的特点

企业文化之所以形成，其主要原因和它的特点存在着较为重要的关联。企业文化具有独特性和不可交易、难模仿的特点。企业文化和技术创新不同，企业文化展现的是一个企业发展历程，不同的企业在成长时会产生不同的文化氛围，所以企业文化具有独特性。其次，企业文化并不是一种产品，而是一种理念，企业文化凝聚着企业员工合作精神和共同奋斗的经历，这是任何物质都无法替代的，因此，企业文化具有不可交易性。此外，则是难模仿的特点，企业发展过程是复杂的，而且企业文化的独特性为企业文化建立一层保障，这样企业独特的文化就很难被模仿。

二、企业文化在企业发展中的作用

（一）具有良好的凝聚作用

企业文化中包含着一个企业从成立到发展的整个过程，在这个过程中我们可以看到企业员工不断的拼搏奋斗，才铸就企业现在的成果，企业的发展凝聚中员工的汗水，也包含着企业领导和员工的希望，所以，企业需要完善企业文化，激发员工奋斗的决心，只有时刻提醒员工当初的梦想，才可以将员工的力量凝聚在一起，让员工深刻感受到自身在企业中的价值和重要性。企业文化是企业发展的内部动力，企业领导需要和员工进行沟通合作，明确企业未来的发展目标，形成强大的向心力，促进企业的发展。特别是建筑施工企业，工作环境和施工环境都条件较差，工作地点偏离市区，一个项目从开始到结束少则两三年，多则六七年，在这期间企业员工必须全身心地投入到工作当中，这就更需要体现企业文化的凝聚作用去积极引导员工。

（二）对员工具有约束力

企业完善企业文化的主要因素是为了企业更好的发展，但如果企业想要更好发展，企业就要确保员工可以积极主动地参与到工作过程中，并且遵循相关的规章制度，完成相应的工作任务。通过对当前企业发展现状的分析，现如今，企业发展存在最大的问题就是企业员工的思想观念问题，很多员工缺乏工作的动力，而且工作观念和行为不符，员工的工作态度和工作效率对企业的发展具有严重的影响。为了调动员工的积极性，让员工摆正工作态度，企业要利用企业文化对员工进行约束和管理，强制性的规章制度必然会给员工带来压力和反感，但是企业文化却属于一种无形的制度，企业文化的形成冲击员工的心理，员工会不自觉地规范自身的行为，这样企业文化就会产生约束的作用。

（三）有利于提升企业的影响力

当前，企业不仅要同国内的行业展开竞争，还要和国外相关的行业进行激烈的竞争，这样一来，企业的压力就明显增加。为了缓解压力，在国际市场中稳定地发展，企业须提高自身的影响力，而这时企业文化就起着关键的作用，作为建筑施工企业，企业文化的形成可以让建设方更加了解企业，同时，也可以让人们更好地评价施工企业，企业就可以形成良好的信誉度，从而在国际上占据稳定的位置。

（四）有利于塑造企业形象

通过上述分析，我们已经掌握企业文化形成的原因和企业文化的特点。由此可以推断，如果建筑施工企业想要获得更好的发展给予，则要根据企业发展实际情况和特征，创新企业文化，展现企业的特征，以便可以为企业塑造良好的社会形象。与此同时，企业文化的存在对于现代企业的发展来讲，也可以对企业内经营者和员工工作行为进行培养和重新塑造，促使整体员工形成正确的职业道德观念。对于建筑施工企业来讲，只有内部员工规范自己的行为举止，才能提高企业在市场中的信誉和名气。

第二节　企业文化对企业经济的影响

一、企业文化对企业经济管理的影响

企业文化是一个组织由其价值观、信念、仪式、符号、处事方式等组成的其特有的文化形象，是企业的灵魂，对提高企业凝聚力，指导员工言行有着十分重要的作用。特别是近年来，随着我国经济的发展和国际化交流的加深，加强企业文化建设已经成了现代企业制度建立的重要标志，因此有效地提高企业文化对企业经济管理的积极作用对实现企业持续发展具有十分重要的意义。

（一）企业文化建设对企业经济管理的积极作用

在传统的观念中，企业之间的竞争必须要有着规范合理的经济管理制度作为保证，但在新的时期，企业之间的竞争已经变成企业软件、硬件等相关因素的综合性比拼。企业文化是现代企业发展必不可少的因素，能够为企业提供良好的软环境，凝聚员工思想，形成统一的企业价值体系，从而为企业生产经营等活动提供保障。企业经济管理为企业发展提供必需的硬件条件。同时，健康、经济的企业文化能够极大地促进企业经济管理质量效益，使其达到事半功倍的效果。

1. 企业文化能使经济管理更具认同性

经济管理作为一种管理模式，其规范性和严肃性是其本质的特点。而作为被管理者，自然而然会产生一种抵触情绪，造成管理效益的低下，因此一直以来，国内外大型企业都在寻找能够使经济管理成为企业员工自觉行动的方法。在这样的背景下，企业文化以其对员工思想观念、价值观所产生的巨大影响，从而能够使企业通过企业文化的熏陶，使员工将自身利益与企业利益进一步统一起来，从而将被动的遵规守纪变为主动的行为，提高对企业经济管理行为的认同感。

2．企业文化能使经济管理更有推动力

企业员工每个人的人生经历不同、学历背景不同，因此形成不同的价值观和人生观，而对于企业而言，就是要通过经济管理的一系列活动来规范和统一员工言行，从而形成合力，使企业发展具有足够的推动力。经济管理作为一种硬性的管理行为，难以对每个员工的思想和行动做出针对性的措施，而企业文化则可以通过对员工思想的渗透来规范和调整其观念，从而使经济管理行为更能变为员工自觉的行动，从而推动经济管理的落实。

3．企业文化能使经济管理更有互动性

经济管理的模式就是一种从上至下的单方向的管理行为，其强调的是企业管理层对被管理者的制约和管理，易使管理对象产生不良的情绪，同时一些企业基层和一线的情况没有良好的渠道向企业管理层进行反馈。而企业文化能够通过对员工思想的改造，促进其主动地向企业反馈意见建议，对经济管理的效果进行反向的传递，使得经济管理更具针对性和实效性。

（二）企业文化对企业经济建设的促进作用

1．企业文化建设促进企业经济发展的作用

企业文化在企业的建设发展过程中能否很好地发挥出应有的作用，是否促进企业经济的发展进步是最好的检验方式。企业的成功归根到底是企业经济的发展进步建立起适应经济发展的企业文化是关键，规范的企业文化，是企业适应环境变化和发展需求及企业各层次成员的共同需求。企业文化从企业的层面上来看是企业所依赖的一种文化价值观念，企业是社会经济发展中的一个经济实体，企业中进行的是经济活动，一切都是围绕生产活动和经营活动展开的，追求的是经济价值和社会效益。企业文化是企业经济发展的深层推动力，用文化手段促进国际经济贸易，已经成为发达国家的国际营销手段和艺术。经济的发展进步离不开企业文化的良好基础，需要建立优秀的企业文化，才能很好地促进企业的经济发展。

2．企业文化建设提高企业的凝聚力和竞争力

凝聚力和竞争力是一个企业发展进步的关键因素，只有整个企业的全体员工具有良好的凝聚力与向心力，才能更好地推动企业的发展进步。企业文

化建设提高企业的凝聚力与竞争力，进而增强企业生存能力和经济效益，使企业更好地立足于激烈的市场竞争中。企业文化是企业在生产经营中培植、创造形成的，是企业经过长期的生产发展的内在产物，包括确立企业的核心价值观、培养职工的技术和才能、激发企业全体员工对哲学和价值观的献身精神，以及形成技能与文化融合、强化文化的渗透等方面。企业文化为企业发展培育精神动力和智力支持，在很大程度上促进了企业全体员工的向心力和凝聚力，进而大大提高企业的综合效益和竞争能力。

3. 企业文化的建设有助于树立良好形象

在市场竞争日趋激烈的现代社会，企业必须注重塑造自身的企业形象，塑造强大的企业品牌，提高企业的信誉，使企业长盛不衰，在竞争中立于不败之地。企业的经济活动中的产品、质量、利润等构成了企业形象的骨骼，每个员工构成了有血有肉、活生生的企业形象。必须积极培养全体企业员工的企业文化素质，提高企业全体员工的特色企业精神，严格企业产品质量管理体系，提出“质量是企业的生命、质量是进入市场的通行证”的口号，将企业的良好形象、品牌树立起来并发扬光大，使企业焕发出源源不断的强大生命力，进而更加稳步地提高经济效益和社会效益。

4. 企业文化有利于和谐社会的构建

企业的健康发展进步，是构建社会主义和谐社会的重要基础。构建社会主义和谐社会必须抓好企业的经济发展，使有与之相应的物质基础。企业作为社会的一分子，必须充分调动一切积极因素，大力推进技术创新、知识创新、管理创新和制度创新，发挥重大作用。在现代社会，企业的发展离不开企业文化，世界上每个优秀企业的成功背后都有独特的企业文化。企业文化建设不仅有利于精神文明建设的发展，同时也可以促进企业的发展进步，有利于物质文明建设的发展，成为构建社会主义和谐社会的重要环节，对构建和谐社会有重要的基础作用。

（三）企业文化建设的必要性

企业文化建设是一个企业不断发展进步的不竭动力，为企业的健康发展提供有力的思想基础与精神文化基础，为企业的发展进步做好把关。企业文化不仅反映企业的精神面貌，提高劳动生产力和员工素质，起到导向、凝聚、协调、规范、鼓励的重大作用，还是提升企业形象、推动企业发展社会进步的关键性因素。提倡企业文化建设，深化企业改革、增强企业活力、推动企业发展，建立起一种适应新形势下的、适应社会主义市场经济体制发展的、适应现代化科学技术发展的企业文化尤为必要。

企业文化是社会经济长期发展进步的产物，是企业长期开展经济活动的智慧结晶，可以不断地促进企业建立良好的社会形象。企业文化建设对企业的经济发展与企业在社会发展中的地位将起着越来越大的促进作用。企业文化建设需要根据企业自身的发展情况不断进行总结、完善、创新和升华，发挥企业文化建设的全面积极作用，达到使企业充满生机和活力、稳定及高效发展目标。

（四）当前企业文化建设存在的主要问题

在现实的情况中，企业文化建设虽然得到了企业的普遍重视，但在具体的操作中，依然存在着这样那样的问题，影响了企业文化积极作用的发挥，难以有效发挥对经济管理的推动和促进作用。具体而言主要体现在以下几点：

1. 企业文化建设重形式轻内涵

企业文化建设的目的就是要将企业在发展过程中所形成的基本的价值观灌输给全体员工，使员工通过对企业价值观的认同来提高对企业的认同感和归属感，从而激发为企业服务的热情。它不仅仅是简单的文字表述，更是一系列具体的行动。但在实际中不少企业往往将企业文化归结为文字的阐述，而对其能否真正表达企业的内在精神和基本价值缺乏深入的了解，从而造成了企业文化的形式化，也就是企业经济管理工作难以与企业文化产生共鸣，导致了文化建设的软环境与经济管理的硬条件不相匹配。

2. 企业文化建设重表面轻实际

企业文化作为一种文化的形式，其最终目的是要为管理服务，可以说文化是体，而管理是心。精神因素对企业内部的凝聚力、企业生产效率及企业发展固然有着重要的作用，但这种影响不是单独发挥作用，是渗透于企业管理的体制等各个方面，并通过协调整合共同起作用的。企业的经营理念和企业的价值观是贯穿在企业经营管理的每一个环节的，并与企业环境变化相适应，因此不能脱离企业管理的实践。

3. 企业文化建设重宣传轻建设

企业文化的重要性与其独特性是密切联系的，是企业独特魅力的体现，也是其吸引员工、提升凝聚力的重要手段。但在许多企业中可以看到，企业文化常常仅停留在文字上、墙面上，或是完全照搬照抄其他企业的经验和内容，或是不加区分，没有将自身特点、发展目标、经营策略等相关因素考虑其中，造成了企业文化的大同小异。而这些仅仅在表面上、口头上的内容是难以发挥作用的，只有在企业经营管理的过程中将企业文化建设贯穿其中，才能真正发挥企业文化的促进作用。

（五）提高企业文化对企业经济管理积极影响的举措

企业文化对企业经济管理的巨大推动作用，要求企业上下必须将企业文化建设作为促进经济管理质量的重要方法加以认真落实，针对以上企业文化建设中存在的问题，笔者认为应当从以下几个方面做好工作，从而实现企业文化对企业经济管理的促进。

1. 企业文化要将经济管理作为建设目标

企业经济管理是实现企业经营战略的具体举措，因此企业文化建设同样要严格按照企业经营战略的要求，服务于企业的发展，将企业经济管理作为文化建设的目标。一是企业文化建设要与企业管理制度相结合。企业经济管理作为一个系统工程，包括企业生产经营活动的方方面面，特别是随着市场经济的日益激烈使得经济管理工作要求更高、标准更严，但这种管理模式只是硬性的规定，而缺乏对员工思想的影响，因此企业文化能够很好解决这一问题，能够与管理制度相互补充。二是企业文化要渗透到经济管理每个环节。企业文化作为企业精神的浓缩只有渗透到经济管理的每个环节才能真正发挥其应有的作用，促进企业经济管理目标的达成。

2. 企业文化要将以人为本作为建设基础

在新的历史时期，企业间的竞争已演变成人才的竞争。企业经济管理行为的落实依靠的是人才。因此企业文化建设同样要树立以人为本的观念，通过对人的培养实现经济管理水平的提高。一是统一员工思想。企业员工背景不同，因此企业文化建设要将统一员工思想作为工作的基础和关键，通过培养统一的企业价值观，为企业经济管理奠定基础。二是和谐人际关系。就是在上下级之间、部门之间构建良好的人际关系，通过共同目的来感召员工。三是培养员工素质。企业文化要有着积极向上的精神内涵，能够激励员工不断进步，从而为企业的发展提供动力。

3．企业文化要将注重实效作为建设手段

企业文化要注重实际的建设，摆脱当前存在的形式主义问题。一是建立详细的企业文化建设计划。能够拿出具体可行的举措促进企业文化的形成，从而发挥企业文化应有的作用。二是能够贯彻企业经济管理各个环节。从企业高层到普通员工，都能自觉地遵循企业文化的宗旨，在生产经营各个环节、各个领域都能够体现企业文化的精神。三是企业文化要将沟通交流作为建设重点。建立上下畅通、及时高效的沟通渠道，确保企业员工能够及时反映企业一线的信息，确保企业管理层能够详细掌握真实信息，为经济管理提供数据支撑。

二、企业文化对振兴企业经济的影响

当今社会，文化在促进企业的经济发展中发挥着越来越大的作用，因此，当前不仅要从战略的高度重视文化建设，而且要正确地把握文化与经济相互交融的发展趋势，深刻认识企业文化对振兴企业经济影响的重要性。

（一）企业文化与企业经济相互交融是社会发展的客观趋势

1．从经济的角度看，只有实现物质生产力的发展和经济的发达，然后才能有文化的昌盛，这是经济社会发展的一般规律。数据显示，截至2014年底，我国文化消费潜在市场规模为4.7万亿元，文化消费缺口约为3.7万亿元。这种社会消费需求的新变化，一方面要求企业生产出更多更好的文化精神产品，去满足广大人民群众在文化、精神上的需求；另一方面则要求物质产品中的文化含量也要不断提高。实践证明，企业生产出的产品中的精神文化含量愈高，其经济附加值也就愈高。

2. 从文化的角度看，随着社会主义市场经济的深入发展，文化在保持其意识形态属性的同时，其产业属性也越加明显。一方面，在文化产品生产和服务的过程中，价值规律、市场机制等经济因素的作用越来越大，文化产业和社会化大生产已成为现实，文化产业已普遍具有生产、流通、交换、消费等市场条件下经济运行的基本特点；另一方面，随着高新技术尤其是数字技术、网络技术的广泛运用，文化产品的生产效率将越来越高，文化传播的力度将越来越大，文化的覆盖面将越来越广，文化的表现力和感召力将会得到空前的发挥。

3. 文化作为一种精神力量，也越来越成为经济社会发展的重要动力。随着社会的规范化发展，人类文化素养的进一步提高，文化在综合国力竞争中的作用确实越来越突出，甚至会具有全局性的决定意义。因此，面对文化与经济相互交融的发展趋势，我们应当切实把握好企业文化与企业经济的辩证关系，更好地发挥文化在经济发展中的支撑作用。

（二）企业文化将对企业经济产生重大影响

1. 企业文化影响企业经济中生产要素的质量。尤其影响作为生产要素中最重要的因素——创业者和普通劳动者的素质。劳动者具有什么样的文化背景，有着什么样的价值观念，会极大地影响他们对待生产劳动的态度从而影响到工作的质量。所以精神气质是人力资本的不可忽视的组成部分。是否具有坚忍不拔、百折不挠的创业精神，是否能够承受创业活动的辛劳，这和文化有着十分密切的关系。衡量一种文化能否对创业有积极的促进作用，核心的标志在于这种文化能否培育大批具有创新精神和创业能力的企业家。

2. 企业文化影响企业经济活动的软环境。从具体内容来看，企业文化表现为与民众参与经济活动过程中有关的思想理念、价值标准和精神状态，即民众个体的价值观和意识形态，这是企业文化的微观内容；企业文化也包括鼓励并支持民众参与经济活动的环境和制度，这是它的宏观内容。在硬件条件一定的前提下，企业经济发展的主要决定因素就是一个企业的软环境。软环境本质上是人的素质问题，软环境的好坏影响到市场秩序、投资水平和经济发展的可持续性。

3．企业文化影响企业经济的产业结构。具体来说又表现在三个方面，第一，特定的文化类型决定了特定的企业组织形态；第二，文化的类型决定了产品的品质，劳动者的文化水平、道德水平、个人爱好以及鉴赏能力，都有可能摧毁或者挽救一个产业；第三，消费者的水平将是产品竞争力的主要因素，消费者已经不再是被动的产品的接受者和使用者，消费意识和消费品位对企业的产品开发和技术改造产生强大的影响，好的消费者是一种竞争力的源泉，是一种重要的资源。

（三）建设先进的企业集团文化，促进企业经济振兴和协调发展

1．充分发挥文化的教化功能，塑造蓬勃向上的人文精神，为振兴集团经济发展提供强大的精神动力。文化是人类历史发展过程中创造的伟大成果，作为其核心内涵的理想信念、民族精神、道德风尚和行为规范等，基本功能就是教育人、引导人、培育人、塑造人，为经济社会发展提供持续的、稳定的、不竭的精神动力。建设企业文化是一项重要任务，就是要在企业内部塑造蓬勃向上的人文精神，为振兴企业经济发展提供强大的精神动力。第一，要着力形成创新发展的思想理念。第二，要着力塑造积极向上的人文精神。第三，要着力营造健康祥和的社会风尚。

2．充分发挥文化的支撑功能，促进文化与经济融合，为振兴企业经济发展培育新的增长点。当代经济发展的一大特征，就是文化对经济的影响越来越大，经济与文化的相互作用日趋明显。经济是文化发展的基础，文化是经济发展的重要支撑力量。发挥文化的支撑功能，重点是促进文化与经济的融合，既要增加经济中的文化含量，又要增加文化中的经济含量，从而促进经济与文化的良性互动发展。企业成功的关键是建立起适应经济发展的企业文化。企业文化为企业管理提供方向、动力及精神文化资源。可以说，企业文化是企业的根系，是企业的灵魂，是企业发展和延续的血脉。

第三节　企业文化与企业形象塑造

一、企业形象的概念及分类

在人类社会生活中，人与人之间会发生各种各样的联系和交往，在这些交往活动中，人们发现单个人的活动往往会受到种种限制，因而逐渐产生了各种社会组织。

企业作为一类以营利为目的，追求经济利益最大化的组织，在竞争激烈的环境下其生存和发展与很多因素有关，自身的实力、良好的管理、适宜的环境是企业成功的基础。企业文化作为一种以关心人、尊重人、理解人、支持人为特征的管理思想应运而生。企业形象作为一种管理职能，则是从如何建立和维护组织与公众之间的互利互惠关系、树立组织良好形象的角度来促进企业的发展。企业形象是指人们通过企业的各种标志而建立起来的对企业的总体印象。企业形象是企业精神文化的一种外在表现形式，它是社会公众与企业接触交往过程中所感受到的总体印象。这种印象是通过人体的感官传递获得的。企业形象能否真实反映企业的精神文化，以及能否被社会各界和公众舆论所理解和接受，在很大程度上取决于企业自身的主观努力。企业形象是一个有机的整体，是由组织内部诸多因素共同作用的结果。按照不同的标准企业形象有不同的划分方式，按照形象的可见性可分为有形形象和无形形象。

有形形象是指那些可以通过公众的感觉器官直接感觉到的组织对象，包括产品形象（如产品质量性能、外观、包装、商标、价格等）、建筑物形象、员工精神面貌、实体形象（如市场形象、技术形象、社会形象等），它是通过组织的经营作风、经营成果、经济效益和社会贡献等形象因素体现出来的。无形形象则是通过公众的抽象思维和逻辑思维而形成的观念形象，这些形象虽然看不见，但可能更接近企业形象的本质，是企业形象的最高层次。对企业而言，这种无形形象包括企业经营宗旨、经营方针、企业经营哲学、企业价值观、企业精神、企业信誉、企业风格、企业文化等。这些无形形象往往比有形形象有价值。

二、竞争使企业文化的地位提升

现代社会之所以重视企业的形象问题，实际上是竞争的结果。在激烈的竞争中，各种有形形象容易被模仿和超越，而无形形象的建立和维持更容易获得竞争的优势。企业文化作为一种大型企业的凝合剂，以价值观共识为手段，统合企业行为，实行文化管理和文化控制，不但节约大量的管理成本，而且能够不断地创造卓越，超越管理。企业文化是指一个企业长期形成的一种稳定的文化传统，它是企业员工共同的价值观、思想信念、行为准则、道德规范的总和。它的实质是企业员工的经营理念、价值观和企业精神。现代社会已进入“文化制度”的时代。文化的力量，深深熔铸在企业的生命力、创造力和凝聚力之中。现代市场竞争已越来越表现为企业文化的竞争，竞争的结果是拥有先进文化的企业得到生存和发展，拥有落后文化的企业被淘汰出局。用先进文化全面提升企业核心竞争力，引领企业在新型工业化道路上持续健康发展，这是新时期企业文化建设的方向。

企业文化应该包括企业物质文化、行为文化、制度文化和精神文化四部分。企业物质文化是企业员工创造的产品和各种物质设施等构成的器物文化。它是企业文化的物化成果，主要包括企业环境和设施，企业产品和服务，企业容貌和标志等物质文化，属于企业文化的表层。企业行为文化是指从最高领导到基层员工言行举止中反映的企业文化内涵和特征。企业英雄、企业典礼仪式、文化活动和企业家行为在企业文化价值观方面起着重要的作用，也是构成企业文化的重要因素。

三、企业文化与企业形象的关系

企业无论大小，总是由若干人组成的社会群体，长时间的共同生活、劳动和学习，群体成员通过反复交往与接触，人们的理想信念、精神风貌等都会逐步形成具有某种特征的文化氛围，形成不同于其他组织的文化群。随着企业经营活动的开展，产品的无限流动，企业无时无刻不在影响着文化形象。企业形象作为企业内存素质和外在表现的综合体现，构成了现代企业生产力的综合指标，企业形象实际上就是生产力。企业不能忽视企业文化建设，企业文化建设不能忽视企业形象的理性策划。

（一）企业文化为企业形象塑造提供支撑

企业要在竞争中取胜，就要全面树立自己的形象，企业树立形象则需要以企业文化为支撑。第一，企业文化造就了高素质的企业人，正是这样的企业人在为企业形象增添光彩，从而为企业形象战略的实施奠定了基础。第二，企业文化造就了企业内部公众的共同价值观，这种价值观一旦形成，对企业形象战略的实施具有深远的意义。第三，企业文化强调企业在长期发展过程中生长和培育起来的高层次的精神活动，这是企业形象战略实施的指导思想。

（二）企业文化为企业形象战略提供氛围

实施企业形象战略一定要具有好的氛围条件，企业文化正是这个氛围的创造者。企业文化具有导向、凝聚、激励和调适等功能，能够通过各种文化形式为企业形象战略的实施营造一个团结和谐、亲切友善、奋发向上的文化氛围。第一，企业文化建设能用共同的价值观引导企业成员的价值取向和行为取向，使其自觉地把企业目标当作个人目标，并团结一心为之奋斗。第二，现代企业文化建设为企业与职工的协调发展创造良好的文化环境和氛围。第三，企业文化强调通过各种文化形式寓教于乐，引导企业成员的心理和行为。

（三）企业形象战略的实施促进企业文化建设

企业形象是企业文化的重要组成部分，是企业文化的展示和表现，是企业文化在社会或市场上的认知和评价，它必须受企业文化指导，以企业文化为灵魂。企业形象塑造在体现企业文化内涵时具有一定的专业性、独立性，既是对企业文化更深层次的探讨，又是企业文化的外在表现。实施企业形象战略是企业文化建设的基本途径，实施企业形象战略必须与企业文化建设相结合。

四、构建企业文化形象的具体要求

随着中国市场经济的迅速发展，企业之间的形象竞争加剧，创新企业文化、构建企业形象势在必行。在分析企业文化与企业形象辩证关系的基础上，探讨了构建企业文化形象对企业家和企业员工的具体要求。

（一）对企业家的要求

文化形象的主要表现是企业精神，企业精神是企业经营观念的集中体现，它是一种强烈而持久的信念力量。企业必须在生产经营实践中形成自己富有时代内容与鲜明个性的企业精神。培育企业精神对企业家提出了很高的要求。在我国，企业形象战略实行至今，虽然造就了“太阳神”“四川长虹”等知名企业，但也存在不少问题。例如权—放与利—让就出现投资膨胀与企业分配向员工个人倾斜的现象。因此，企业家必须具备责任感才能加强对企业发展战略的深入研究，制定出科学合理的战略规划。建设企业文化、树立企业形象是一个长期的系统工程，企业家还应注重经营理念的变革，在经营中注入文化力和形象力，将企业形象战略作为企业发展的重要战略之一，实施一系列行之有效的举措，如改善企业内部管理，充分调动员工的凝聚力和向心力，形成共有的企业价值观；营造积极而富有特色的企业经营理念；塑造良好的产品形象和员工形象；创造有利的外部环境，塑造良好的公共关系形象；以企业理念为核心，结合市场需求实施符合企业实际的企业形象战略等手段，树立高文化品位的企业形象，着力推进企业效益的提高，从而达成企业目标的实现。

（二）对企业员工的要求

第一，企业全体员工要有创业、守业与开拓进取的精神，即“作为企业人，为企业争光”的责任心与自豪感。员工应以自己高度的事业心、奋发向上的进取心与责任感，进行创造性的劳动，包括技术创新、策略创新等。第二，企业全体员工还要有团结奋斗的精神。企业员工作为“企业人”与“社会人”是不能分离的，必须凝聚在一起，同时将个人发展与企业命运紧密联系在一起。第三，企业全体员工还应有一种为企业生存与发展付出的牺牲精神。企业精神实际上就是人的精神，其中也包括为追求高尚的精神风貌与实现自我价值而付出的牺牲精神。只有这样才能全面提高企业的竞争力，使企业形象成为活力与合力的能量体，生生不息，经久不衰，开创卓越未来。

五、如何打造有中国特色的企业文化

先进的企业文化是企业生存和发展的内在动力，是提升企业形象、增加企业价值的无形资产，是企业核心竞争力的形成要素和重要组成部分。文章从企业形象入手，分析形象构成要素，提出用先进的企业文化科学整合企业生产要素，促使企业和员工形成共同价值观，增强凝聚力，使企业在激烈的市场竞争中实现可持续发展。

（一）提炼企业的核心价值观

任何组织想继续生存和获得成功，首先一定要有健全的核心价值观作为所有政策和行动的前提，而且企业成功最重要的因素是忠实地遵循这些核心价值观，如果违反这些核心理念，就必须加以改变。在进行文化定位时，关键一点是要把握自己真正相信的东西，而不是抓住其他公司定为价值观的东西，也不是外在世界认为应该是理念的东西。对核心价值观的陈述可以用不同的方法，但必须简单、清楚、纯真、直接而有力。

（二）发挥企业家在企业文化建设中的核心作用

企业家处于企业文化建设的核心地位，一方面企业家的思想、行为等对企业文化有很大影响，企业文化的培育在很大程度上取决于企业家的价值观和职业素质；另一方面企业文化的确立需要企业家自上而下地推动，用自己的权威去整合企业中的价值观。

（三）要与中华民族优秀的传统文化相承接

任何一个企业的文化底蕴来自本民族的传统文化。以儒家思想为主的中国传统文化着眼于以规范引导人们的日常行为，其精髓是“诚为本，和为贵，信为先”。这种文化的包容性和开放性，使中国的民族文化具有与时俱进和兼容并蓄的特征，这在经济全球化和市场经济条件下同样有着现实指导意义，能够为先进企业文化建设提供肥沃的土壤。因此，培育先进企业文化必须弘扬中华民族的优秀传统文化，并根植其中，吸取其精华。我们应该学习和借鉴一切有益的先进经验，不能生搬硬套，还应该学习和借鉴一切先进的文化，创造出适合我国国情、具有中国特色和力争世界领先的企业文化。

第四节　企业文化与企业建设发展

企业文化是一个企业在长期经营实践中所凝结起来的一种文化氛围、企业价值观、企业理念、企业精神、企业制度、经营境界和广大员工所认同的道德规范和行为方式。企业文化的运行机理是，实行“以人为本”的管理，通过培育具有时代意义的企业价值观、体现时代精神的企业精神，塑造团结和谐、积极向上的人际关系氛围和文明健康的环境氛围，来激发员工群体的积极性，提高员工素质，推动企业可持续发展。企业文化是企业精神与企业价值观的人格化。企业要努力培育“生死与共”的价值观，使企业全体员工增强主人翁意识，能与企业同呼吸、同成长、同发展、共生死，做到企业精神与企业价值观的人格化，实现“人企合一”。因此企业文化对企业长期经营有着重大的作用。

一、搞好企业文化建设决定了企业的发展和未来

企业文化是在一定的社会经济条件下，企业在长期的生产实践过程中，逐渐形成和发展起来并为绝大多数成员所认可、遵循的价值观念、企业团队精神、工作作风和行为准则等，它是一个企业以物质为载体的精神现象。如何塑造企业文化，最大限度地激发企业的活力，使企业立于不败之地，成为人们关注的焦点。

（一）企业文化要注重树立良好的企业形象

企业的知名度与美誉度有机结合，即构成了企业在公众中的形象。企业

形象直接与企业的兴衰、优劣相联系。良好的企业形象，是企业一笔巨大的无形资产，声誉显著者，能吸引更多的投资，招揽到更多的人才和顾客。21世纪，企业竞争除了人才与科技的竞争以外，企业形象将对企业的发展起到至关重要的作用。

（二）培养企业精神增强企业凝聚力

“人心齐，泰山移”，培养企业精神增强企业凝聚力是企业文化建设的核心部分。它要求企业在经营管理的实践中培育能表现本企业精神风貌、激励职工奋发向上的群体意识，并以此引导职工树立正确的价值观念，强化职业道德。企业组织成员的自我价值的实现，都有赖于组织成员之间的相互协作，有赖于企业的发展。协作与团队精神培育是企业文化建设的基本要求，它包括管理人员和员工的感情紧密度、团队精神、向心力等。任何一个有文化内涵的企业，都会建立一种感情投资机制。要管理就应尊重对方，使与被管理者建立起信任情结，有了这个感情上的纽带，企业员工对管理人员就有了感情依附意识，管理就比较顺畅；同样，企业管理人员也会充分尊重员工的人格。

（三）建立高效的激励机制调动员工积极性

激励的作用：激励一方面可以调动员工的工作积极性，使其能为企业做更多的工作，另一方面可以对员工进行引导，鼓励员工去做正确的事，使员工素质有所提高，从而使人才增值。

激励的方法：激励可以通过满足员工物质需求和精神需求两种方法去实现，满足物质需求可以通过工资、奖金、福利等多种方式实现，满足精神需求可以通过提供晋升或发展机会、感情关怀、工作成绩认可等方式来实现。

企业要保持永久的创造力，必须建立起激励机制。将调动员工积极性当成企业的日常经营管理行为，在企业中养成一种尊重创新、尊重人才的文化氛围，使每个员工都能从中感受到事业的成就感。

（四）注重企业价值观的人格化和“人企合一”的境界

价值观是企业文化的核心，而“英雄人物”则是企业价值观、企业精神的人格化。在“英雄人物”中有“共生英雄”的提法，值得重视。“他的心在企业，企业在他心中”，这就是企业“共生英雄”的概括。这样的人，与企业同呼吸、同成长、同发展、共命运。实现这种“人企合一”的境界，创造、构建这样的文化氛围，对于发挥员工的主动性、积极性、创造性极为重要。

良好的企业文化氛围能增强企业人才的归属感和认同感。企业“公平、平等竞争、择优”的用人原则；制度规范、透明公正、运行有序的用人方针；和谐的工作环境等都能赢得人才的忠诚，使其心甘情愿地充分发挥自己的才能，为企业的发展奉献自己的一切。

二、企业文化在企业市场竞争中的重要作用

由于中国市场经济的快速发展，企业之间的竞争也不断加剧，而企业要想在激烈的市场竞争中立足，就必须不断改革、发展、创新，提高市场竞争力。企业文化作为企业制度中的一个重要组成部分，对于促进企业发展，社会经济繁荣有着至关重要的作用，尤其是21世纪的知识经济时代，企业要想获得长远发展就必须充分重视企业的文化建设，积极调动企业文化在市场竞争中的作用。

（一）优秀的企业文化，对于企业的存在和发展有着非常重要的作用

1. 有利于企业扩大产品知名度，占据市场份额

企业文化在市场竞争中所体现出来的价值是不可估量的，它可以形成企业巨大的凝聚力、亲和力和战斗力，这种效果是单纯的硬件设施和工资福利手段所达不到的。

2. 有利于提升良好的企业形象

企业文化决定企业的形象，实施科学的企业形象管理，需要企业文化的支持。企业形象管理的成果又会凝结成企业文化，融化在员工的思想中，支配着员工的行为。成立于1988年的深圳华为公司，到今天已成为中国电子信息百强企业，只用了十几年时间。集团总裁任正非认为：是强烈的企业危机感意识造就了今天的华为，危机迫使我们谋求独立，谋求独立又需要依靠科技，于是，技术成为企业的发展根本。正是秉承“危机意识”理念，华为才

有了今天中国通信行业领头羊地位，也使得欧美一些电讯公司刮目相看。

3. 有利于提高企业的绩效

美国哈佛大学的约翰·科特教授和詹姆斯·赫斯克特教授深入研究了企业文化与经营业绩之间的相关性。他们的研究成果表明：企业文化对长期经营业绩有着重大的作用，企业文化在决定未来成功或失败方面是一个更为重要的因素。一般分析而言，可以得到较为普遍的结论：企业经营业绩与其企业文化之间，存在着一种正比例关系，企业文化对企业的影响程度越大，企业的经营业绩越好；反之，则企业的经营业绩越差。优秀的文化帮助企业取得高绩效，这是因为这种文化能产生不同寻常的激励效果，能使员工感觉到为公司工作是有益处的，同时，员工对公司更有责任心、更为忠诚，员工会觉得他们的工作更有回报。

（二）中国企业如何塑造企业文化建设

面对世界经济一体化，企业文化的创新已成为企业创新不可分割的重要组成部分。要发展有中国特色的企业文化，就需要从理论和实践两方面来把握中国企业文化的发展方向，要加强企业文化的研究，创建有中国特色的企业文化理论。

1. 价值标准的界定

正确的价值观是塑造企业文化的首要战略问题。要立足于企业自身的基础，如行业特点、企业成员的构成，以及政治、经济、法律意识等，选择适当的价值观和经营理念，否则，企业不被他人所认可。同时，要把握好价值观与企业精神、企业形象等各要素之间的相互协调关系，使价值标准与企业宗旨、管理战略和发展方向相统一。

2. 不断创新

只有创新，企业才有活力，才能发展，才能增强竞争优势。海尔文化的核心是创新。它是在海尔二十年发展历程中产生和逐渐形成特色的文化体系。海尔文化以观念创新为先导，以战略创新为方向，以组织创新为保障，以技术创新为手段，以市场创新为目标，伴随着海尔从无到有、从小到大、从大到强、从中国走向世界，海尔文化本身也在不断创新、发展。

3. 要加强企业文化研究

21世纪中国企业文化的研究应该坚持理论研究与应用研究相结合、定性研究与定量研究相结合的原则，主要侧重于在中国文化背景下，探讨中国企业文化的基础理论，研究企业文化与中国传统文化和当代社会文化的关系、企业文化与企业管理、企业环境、企业发展和企业创新的关系等，提出有中国特色的企业文化理论；同时加强企业文化的应用研究，关于企业文化的测量、诊断、评估和咨询的实证研究，在此过程中，推动企业文化实践的发展。

4. 要正确处理好企业文化与社会文化的关系

企业文化作为社会文化的一个组成部分，它既是社会文化变迁的缩影，又通过其新技术、新产品所倡导的理念引导市场潮流、引领社会时尚，改变人们的生活方式，改变人们的观念，从而为社会文化的发展注入新的活力，丰富社会文化的内涵。社会文化通过企业家这个载体，将其在长期社会生活中形成的关于人性的基本假设、价值观、人生观和世界观运用于企业发展和企业管理过程中，形成独特的、相对稳定的行为准则、行为规范、企业内部的文化氛围和企业产品的文化品位。

5. 注重企业环境变化对企业文化发展的影响

21世纪是个快速变化的时代。企业要立于不败之地，就要在其发展战略、经营策略和管理模式方面及时做出相应的调整，企业文化的内涵也要反映出环境的复杂性和紧迫性所带来的挑战和压力，对企业内部要保持较高的整合度，对外要有较强的适应性，通过对企业主导价值观和经营理念的改革推动企业发展战略、经营策略的转变，使企业文化成为蕴藏和不断孕育企业创新与企业发展的源泉，从而形成企业文化竞争力。

发展中国的企业文化一定要立足于中国文化的背景，结合我国企业管理实践和现代化进程，同时也要借鉴国外关于企业文化研究的理论和方法，建设有中国特色的社会主义的企业文化。

三、企业文化建设与发展弊端探讨

企业要在激烈的市场竞争中谋求发展，就要不断进行自我变革。而企业的变革必须以企业文化的变革为基础，否则变革将会因为文化的惯性和旧文化的自我复制能力而面临重重阻力。

（一）企业文化建设与发展问题

1. 无经营理念的发展之路

经营理念是企业文化的精髓。由于经营理念的存在，企业的精神才得以传承，企业的发展才拥有方向，企业的战略才具有远瞻性。而许多企业由于经营理念的缺失，没有供决策参考的选择标准，走的是无经营理念的发展之路，造成企业缺乏长远的规划，只得跟随市场的短期变化随波逐流。企业在发展过程中的目的和志向已经限定了企业未来的成长之路。经营理念缺乏所造成的短期经营使企业缺乏向现代化大企业转变所需的技术、人才和管理经验方面的积累。

2. 家族式文化的陷阱

在企业创立初期，面对多变的市场环境、巨大的投资风险和模糊的未来前景，只有以血缘和亲情为基础的家族成员才能共担风险，也只有家人才能赢得企业主的信任。可是初期必要的发展模式，在企业成长过程中却产生了诸多的文化病变。家族力量对企业领导权的垄断，导致企业成为一个相对封闭的团体，排斥外来人才，不能形成吸引人才的文化氛围。家族企业要保持健康发展一定要克服家族式文化和家庭式管理带来的消极影响，明确产权结构，建立完善的现代管理制度。近年来，众多家族企业因产权纠纷和决策失误等原因而纷纷“落马”的事实已为我们敲响了警钟。

3. 对企业伦理的忽视

为了保护环境、保障消费者权益和维持社会各项事业的稳定健康发展，政府、社会团体以及社会公众都向企业提出了种种要求和限制行为。企业只有诚实守信、遵守社会提出的种种规范，才能树立良好的企业形象，谋得长远发展。与此同时，现代经济条件下，企业发展对人力资源开发及利用能力的依赖，也使得人才问题日益凸现。企业内部良好的伦理关系，有助于培养、吸引和留住人才，有助于提升企业的竞争力。然而，许多企业对企业发展过程中所面临的伦理问题却重视不够，少数企业甚至超越了道德和法律的“警戒线”。有的企业在内部实行专制管理，侵犯员工的正当权益。这些行为虽然在短期内可能有助于企业谋利，但从长远来看，却损害了消费者、社会及企业自身的根本利益。

（二）提高企业文化建设与发展的途径

1．政府应加强对企业的“文化扶持”

近年来，各级政府对企业的发展日益关注，在立法、政策、融资、人才等方面给予了大力扶持。可以说，企业能够蓬勃发展，政府的扶持功不可没。现代管理学研究成果揭示，企业文化在企业培育自身的核心竞争能力的过程中起着重要的作用，在特定时期，能起到决定作用。因此，国家应引导企业建立健康积极的企业文化，并大力促进我国企业文化的研究和普及工作，在文化研究和企业之间架起一座桥梁。针对企业极为缺乏文化建设所需人才的现实困境，国家可以利用研发机构或建立专门组织为企业先义务代培文化建设骨干，投资不大，但意义显著。针对企业伦理建设尚不规范的情况，政府应积极结合精神文明建设的具体措施，制定法律，营造氛围，促进企业的伦理建设，将企业建设成为发扬社会主义精神文明和维护社会稳定的“桥头堡”。针对我国企业在对外贸易中的作用日益增强的情况，政府还应积极引导企业熟知WTO的各项规范，并积极发挥民族传统文化提升企业在国际竞争力中的作用。

2．研究学者应注重对企业文化普及

企业文化作为一种主流的管理思想最早出现于日本。20世纪70年代末，美国管理学界通过对日本企业在国际市场上迅速崛起原因的分析和通过对美日企业经营特点的比较，认为美国企业若想超过日本同行，必须进行文化改造，从而首次提出了“企业文化”这一概念。美国企业文化研究者根据美国企业在文化建设中所面临的实际问题不断变换研究重点，先后提出了建立创新型团队和学习型组织等建议，为美国企业的发展注入了清新的生机和活力。我国的企业文化建设同样离不开文化研究者的推动。文化研究者应结合我国企业文化建设所遇到的实际困难，不断总结经验和反思问题，并提出切实可行的指导方案。针对我国社会各界对企业文化尚不了解的现实状况，文化研究者应利用著书立说、大众传媒等手段积极呼吁。针对我国企业分布广、数量多、远离学术传播网络等特点，我国的企业文化研究者可以利用到各地讲学、举办各种培训班、进行远程咨询等方式积极促进企业对文化的了解。

3. 企业应不断推进自身文化的变革

企业文化变革需要企业建立一种开放性、学习性的团队文化。这样一种文化的建立必须要有一个明确的经营宗旨，否则文化的变革将无动力和方向。此外，企业文化建设的关键在于企业家对文化建设意义的了解和方法的熟识，企业家必须在其中发挥导向作用，不断地加强自身的学习，尤其是要建立同管理学最新进展共同前进的同步关系。针对我国企业对人才吸引力差的状况，企业文化建设的重点还应放在对自身人才的培养挖掘和对外部人才的吸引和挽留上。为此，企业文化氛围应力图给员工以使命感、光荣感和自豪感，并建立完善的人才考评和激励机制。伴随着中国企业市场化程度的日益加深，对中国企业的外部适应能力和内部的管理整合能力提出了新的挑战。以企业文化为纲，开辟一条真正的企业文化管理道路，对中国企业的系统变革和绩效提升无疑是值得坚持和笃行的管理之道。

第五章　经济管理与企业可持续发展

企业可持续发展的基本含义就是既考虑当前发展的需要，又要考虑未来发展的需要，不要以牺牲后代人的利益为代价来满足当代人的利益。作为一种全新的发展观，它是对发展单纯地理解为经济增长的旧观念的否定，它在时间上体现了当前利益与未来利益的统一，在空间上体现了整体利益与局部利益的统一。它要求实现由数量增长向质量效能的转变，在经济增长方式上体现为粗放型向集约型转换。由满足当前发展成果的积累向注重持续发展、关注未来发展转变。

第一节　企业可持续发展概况

一、概述

可持续发展是既要考虑当前发展的需要，又要考虑未来发展的需要；不能以牺牲后期的利益为代价，来换取现在的发展，满足现在利益。同时可持续发展也包括面对不可预期的环境震荡，而持续保持发展趋势的一种发展观。

企业可持续发展在国际上也获得共识，如全球报告举措，主要强调信息管理、投资者、顾客、拥护者、供方和员工不断地进行对话、连接企业离散和孤立职能的媒介——金融，市场，研究和开发，为供应链、规章的沟通，声誉和品牌管理可能产生纠纷的地区，以及不可预计的机会提供了信标、持续发展能力报告，帮助管理者增强评估其对自然、人、和社会资本贡献的能力，降低公开商业企业共享价格的可变性和不确定性，并降低其资本费用等。而且可持续发展报告能为企业提供新的机遇，并能提高企业的国际竞争力，是企业通向国际市场的通行证。

企业战略是企业如何运行的指导思想，它是对处于不断变化的竞争环境之中的企业的过去运行情况及未来运行情况的一种总体表述。

企业可持续发展战略是指企业在追求自我生存和永续发展的过程中，既要考虑企业经营目标的实现和提高企业市场地位，又要保持企业在已领先的竞争领域和未来扩张的经营环境中始终保持持续的盈利增长和能力的提高，保证企业在相当长的时间内长盛不衰。

二、可持续发展

可持续发展是20世纪80年代随着人们对全球环境与发展问题的广泛讨论而提出的一个全新概念，是人们对传统发展模式进行长期深刻反思的结晶。布伦特兰夫人在世界环境与发展委员会的《我们共同的未来》中正式提出了可持续发展的概念，标志着可持续发展理论的产生。此时的研究重点是人类社会在经济增长的同时如何适应并满足生态环境的承载能力，以及人口、环境、生态和资源与经济的协调发展方面。其后，这一理论不断地充实完善，形成了自己的研究内容和研究途径。随着可持续发展的提出，人们对可持续的关注越来越密切，而且从环境领域渗透到各个领域中。而企业可持续发展理论是诞生比较晚，但发展相对迅速的一个领域。随着社会环境的变化，企业面对着变化迅速的环境很难适应，而且随着众多企业失败现象的出现，如何使企业保持目前，而且使企业在末期中依然取得良好的发展势头，越来越引起企业的重视。

三、战略类型

企业可持续发展战略非常繁杂，但是众多理论都是从企业内部某一方面的特性来论述的。企业可持续发展战略主要有创新可持续发展战略、文化可持续发展战略、制度可持续发展战略、核心竞争力可持续发展战略、要素可持续发展战略。

（一）创新可持续发展战略

所谓创新可持续发展战略，即企业可持续发展的核心是创新。企业的核心问题是有效益，有效益不仅要有体制上的保证，而且必须不断创新。只有不断创新的企业，才能保证其效益的持续性，也即企业的可持续发展。横向并购，是指生产或经营同一类产品的企业间的并购。

（二）文化持续发展战略

所谓文化可持续发展战略，即企业发展的核心是企业文化。企业面对纷繁变化的内外部环境，企业发展是靠企业文化的主导。

（三）制度持续发展战略

所谓制度可持续发展战略，是指企业获得可持续发展主要源于企业制度。

（四）核心竞争力可持续发展战略

企业核心竞争力是指企业区别于企业而具有本企业特性的相对竞争能力。而企业核心竞争力可持续发展战略是指企业可持续发展主要是培育企业核心竞争力。

（五）要素可持续发展战略

要素可持续发展战略认为企业发展取决于以下几种要素：人力、知识、信息、技术、领导、资金、营销。

四、企业可持续发展问题探讨

企业的危机来自经营环境的不断变化。进入21世纪，变化成了日常行为，而且变化毫无规律、难以预测，如管理大师所言："21世纪唯一不变的就是变化。"市场的全球化，以及资本经营的出现打破了行业限制，使得竞争对手的范围扩大了，国际化竞争的市场移到了家门口，竞争的程度更加剧烈，价格降低，支出增加，效益下降。同时，顾客成为市场的主宰，科学、信息技术的广泛运用，以前不可能实现的事情都变为可能。

面对着环境的种种变化，如果还停留在原来成功的经验基础上，不能有效地解决伴随企业成长出现的问题，因循守旧，观念滞后，人才短缺，体制僵化，基础管理涣散，势必使企业从成功走向衰败。要切记，企业今天的辉煌不等于明天也成功。

（一）发展战略是企业可持续发展的动力源泉

我国的许多企业，在创立期也就是原始积累阶段，企业规模迅速膨胀，完成了人才、技术、资金、市场的一些初步积累。但在企业的成长期特别是成熟期，管理相对滞后，面临着多种机遇及发展方向的选择，此时企业的发展速度反而下降或停滞。这时候需要制定明确的企业发展战略和发展目标，才有可能进入企业的持续发展期。

持续发展期会进行持续的创新，会培养可持续发展的竞争能力，也要不断地修正前进的方向，以适应市场发展的需要。重新明确企业宗旨与核心价值观等的重大发展任务。

制定发展战略是中国企业为适应市场成熟的必然选择。因为竞争对手持续进步，每天都在进步，每天都有新的竞争者进入，这就给我们带来很大的压力，不进则退。同时潜在的竞争对手，潜在的替代品也会不断出现，而且更新的周期也越来越短，市场也进一步规范，以前可能靠一两张条子、一两个政策机会就能赚钱，但以后这种赚钱的机会就少了。同时，顾客的消费行为也越来越理性化。彼得·德鲁克说：“竞争战略的主要目的是能比竞争对手更好地满足顾客的需求。企业经营目标的唯一有效的定义就是顾客。”一个企业要获得竞争优势，可以有两种基本的战略选择：一是提供更低的认知价格，二是提供更高的认知价值。具体应该采取何种战略，还必须以企业拥有的资源和能力为依据，而且要把战略和能力有效地结合。

制定发展战略过程中，企业要在对企业未来发展环境的分析和预测基础上，为企业提出总体的战略目标，企业的一切目标都服从于或服务于这个战略目标。企业的战略目标应该是一个宏伟的远景目标，这是支持企业发展的首要因素。宏伟的远景目标对企业能形成重大的挑战，使企业的领导不满足于现状，从而确保企业不断地增长。同时起到鼓舞凝聚人心、吸引人才、激发活力的作用，使员工觉得前景广阔。因为一名高素质的员工不愿意在一个没有希望、没有前途、没有美好前景的公司工作。给人以美梦，这是最激励人的手段，善于运用胆大超前的目标，也是那些百年企业长寿的秘诀之一。

公司远景目标的三要素：一是要针对未来，即任何一个战略远景目标都要基于对未来环境的判断，也就是对国家宏观环境—产业政策以及微观环境—竞争环境的展望。二是要考虑清楚公司将参加的业务范围、地理范围、竞争对手以及竞争优势的来源。最后就是公司整体战略，这是非常重要的，公司制定整体战略是为了增加可持续发展能力，企业的发展战略有近期和长期规划，这样才构成一个完整的远景目标。

建立在对环境彻底分析基础上制定的公司整体战略，能够对企业外部环境的变化表现出应变性。成功的企业都有较强的适应环境变化的能力，这些能力是企业对市场信号显示的反应。因此，有人在界定长寿公司时指出：“对周围环境的敏感代表了公司创新与适应的能力，这是长寿公司一大成功要素之一。”这一点也是非常重要的。

（二）创新是企业可持续发展的核心

伴随着知识经济时代的不断发展，知识创新、技术创新、管理创新、市场创新等已成为企业发展的动力，没有创新企业就无法在竞争中取得优势，也无法保持企业发展的能力。所以，企业可持续发展重点强调的是发展而不增长。无论是企业的生产规模还是企业的市场规模，都存在着一个增长的有限性。增长是一个量的变化，发展是一个质的变化。一个企业不一定变得更大，但一定要变得更好。企业可持续发展追求的是企业竞争能力的提高、不断地创新，而不只是一般意义上的生存。

企业创新是全方位的创新，其核心是观念创新。观念创新是按照新的外部环境调整价值尺度、思维方式、行为方式和感情方式等诸多方面的文化心理，创新意识的建立是一种否定自我、超越自我的过程。这是企业创新的先导。观念创新中首先是价值观念的创新。价值观念主要是指企业经营的价值观念，包括消费者价值观、利润价值观和社会价值观等。价值观念的创新是指要随着形势的发展而不断改变自己的价值观。观念的创新决定着决策的创新、管理的创新，决定着企业行为的创新。所以创新应该反映在企业的各个方面，包括技术创新、管理创新、体制创新、经营创新等等。所有这些创新，最后都会在企业的经营活动中反映出来，会落实在企业的产品创新上。

（三）竞争优势是企业可持续发展的保障

企业可持续发展与社会、生态系统可持续发展的不同之处是，社会、生态可持续发展要实现的是一种平衡，而企业可持续发展要实现的是在非平衡中求得竞争的优势。企业可持续发展的过程中，必须不断地提高自身的竞争能力和水平，才能实现永续发展目标。

在市场经济条件下，同一种产品的生产与销售通常是由多家企业完成的。企业面对的是竞争性的市场，所以首先需要分析企业已经形成的核心能力及其利用情况。在竞争市场上，企业为了及时实现自己的产品并不断扩大自己的市场占有份额，必须形成并充分利用某种或某些竞争优势。竞争优势是竞争性市场中企业绩效的核心，是企业相对于竞争对手而言难以甚至无法模仿的某种特点。由于形成和利用竞争优势的目的是不断争取更多的市场用户，因此，企业在经营上的这种特点必须是对用户有意义的——“竞争优势归根结底产生于企业为客户所能创造的价值”，怎么才能形成企业的某种竞争优势呢？管理学家认为取决于企业的核心能力。

所谓核心能力是组织中的积累性学识，特别是关于如何协调不同的生产技能和有机结合多种技术流派的学识。这种能力不局限于个别产品，而是对一系列产品或服务的竞争优势都有促进作用。从这个意义上说，核心能力不仅超越任何产品或服务，而且有可能超越公司内任何业务部门。核心能力的生命力要比任何产品或服务都长。

由于核心能力可以促进一系列产品或服务的竞争优势，所以能否建立比竞争对手领先的核心能力会对企业的长期发展产生根本性的影响。只有建立并维护核心能力，才能保证公司的长期存续。因为核心能力是未来产品开发的源泉，是竞争能力的根。

所以说，利润重要，市场份额更重要；市场份额重要，竞争优势更重要；竞争优势重要，企业核心能力更重要。有了企业核心能力才能创造竞争优势的可持续发展，有了竞争优势的可持续发展才能扩大市场份额，才能使企业基业长青。因此，企业核心能力是竞争优势、市场份额和企业利润的真正来源。

如果企业所处的环境基本保持不变或相对稳定，那么企业只要选择和进入富有市场吸引力的产业，并且具备战略资源、核心能力、企业战略能力、企业家能力和优秀的企业文化，以及相对于竞争者来说更富效率的内在要素，以占据有利的市场地位，就可以创造企业的持续竞争优势。然而，我们现在所处的环境由于各种因素的作用和变化而处于不断的变动之中，甚至可以说已经达到动态或剧变的程度。环境的动态化严重削弱了企业经营决策与行为可能性预见的基础。由此就使得企业的每一种既定形式的竞争优势都不可能长久地维持，最终都将消散，只是时间的长短不同而已。所以，在动态的环境中，企业要想能够获得持续竞争优势，就不能只是凭借其战略资源、核心能力等被动地适应环境，而是要求企业能够深刻预见或洞察环境的变化并迅速地做出相应反应。通过持续性创新，不断超越自己的，从其既有的竞争优势迅速地转换到新的竞争优势，超过竞争对手的企业，从而获得基于其整体发展的持续竞争优势。也就是说，企业持续竞争优势源自持续性的创新。

（四）企业文化是企业可持续发展的内因

企业文化作为企业发展战略或企业家能力发展过程中的一种力量或动力，随着知识经济的发展，它对企业兴衰将发挥着越来越重要的作用，甚至是关键性的作用。一个企业在产品质量达到一定程度时，对产品的市场地位和由地位决定的价位，以及产品的市场销售量，发挥重要或决定作用的仍然是产品自身的文化内涵。经济活动往往是经济、文化一体化的运作，经济的发展比任何时候都需要文化的支持。任何一家企业想成功，都必须充分认识到企业文化的必要性和不可估量的巨大作用，在市场竞争中依靠文化来带动生产力，从而提高竞争力。

哈佛商学院通过对世界各国企业的长期分析研究得出结论：“一个企业本身特定的管理文化，即企业文化，是当代社会影响企业本身业绩的深层重要原因。”企业的生存和发展离不开企业文化的哺育，谁拥有文化优势，谁就拥有竞争优势、效益优势和发展优势。世界500强企业出类拔萃的技术创新、体制创新和管理创新的背后，优秀而独到的企业文化，是企业发展壮大、立于不败之地的沃土。

企业文化是企业员工普遍认同的价值观念和行为准则的总和，这些观念和准则的特点可以透过企业及其员工的日常行为而得到表现。文化对企业经营业绩以及战略发展的影响主要体现在它的三个基本功能上：导向功能、激励功能，以及协调功能。文化的导向功能是共同接受的价值观念引导着企业员工，特别是企业的战略管理者自觉地选择符合企业长期利益的决策，并在决策的组织实施过程中自觉地表现出符合企业利益的日常行为。文化的协调功能主要是在相同的价值观和行为准则的引导下，企业各层次和部门员工选择的行为不仅是符合企业的长期或短期利益的，而且必然是相互协调的。文化的激励功能主要指员工在日常经营活动中自觉地根据企业文化所倡导的价值观念和行为准则的要求调整自己的行为。

企业文化的上述功能影响着企业员工，特别是影响着企业高层管理者的战略选择，从而影响着企业战略性资源的选择、企业能力的培养与各种资产、技能、资源与能力的整合。正是由于这种影响，与企业战略制定或资源的整合、能力的培养过程中需要采用的其他工具相比，文化的上述作用的实现不仅是高效率的，而且可能是成本最低、持续效果最长的。从这个意义上说，文化是企业竞争优势可持续发展的最为经济的有效手段。

同时我们还要培育良好的企业文化，企业文化说简单点就是企业的人格。良好的企业文化是企业发展战略中必须具有的素质。因为与战略相适应的核心价值观、与战略相配套的企业制度准则，都在直接地影响战略的管理和实施。一个只拥有传统企业文化、价值观的企业，让它转型为高科技企业，它对高科技企业的人力、资源制度和激励制度等都不能理解，涉及企业文化也一样。良好的企业文化将对战略管理起到事半功倍的效果。只有拥有良好的企业文化，人才不会流失，才能够低成本地运作，才能创造出很好的效益。

（五）强化管理是企业可持续发展的基础

企业内部管理基础要扎实，如果一个好的企业战略没有强有力的企业基础管理作保证，不可能达到贯彻执行。可想而知，如果企业战略制定了，管理很松散，也就是组织机构得不到保证，战略就得不到很好地贯彻执行。海尔集团之所以国际战略、多元化战略实施得非常好，就是因为它的基础管理做得非常好，这样它在扩散的过程中，在输出海尔理念的时候就能做得很好。如果换一家企业，它也许就不能成功。

对于企业进行业务流程的重组，建立与之相适应的组织机构，改变信息的横向、纵向传输速度慢，管理效率低，决策慢的状况。重构企业的职权体系，明确各个部门和每个岗位的职责、权限，制定各项工作的操作规范，按规章行事，提高员工的业务素质。建立完善的考核体系和合理的报酬体系，以绩效为目标，使得考核有依据，奖惩有办法，促进员工的成长、企业的进步。

一个企业的可持续发展，一定要有前期的积累和投入，还要有长远的战略发展眼光，给自己做清晰的定位，然后要有执着的精神，一步一个脚印地修炼企业内功，最终形成一个创新型企业。愿所有的企业都能成为一个可持续发展的百年企业。

第二节　企业可持续发展与财务

产品和服务溢价能力、成长性、资产管理水平、资本收益、债务能力和品牌形象是企业可持续发展不可或缺的财务要素。在这些财务要素的推动下，只有把握好、控制好、配置和管理好企业的资源，才能实现企业可持续发展目标。

一、公司溢价能力

当产品和服务有溢价能力时，公司发展才具有可持续性。可持续发展公司有着相同的经营特质：溢价能力高、市场占有率高和品牌知名度高。像可口可乐的差异性和沃尔玛的成本领先都是溢价能力的杰出代表。在销售成长中，持续稳定的销售毛利率是衡量公司溢价能力最典型的财务指标。

家电业是一个竞争比较充分的行业。从财务角度看，格力电器销售毛利率一直稳定在17%以上，波动性小。在金融危机下，销售毛利率还屡创新高，展示了格力利用危机控制成本的能力。2009年。格力85%的收入来自国内市场，海外市场下滑了38%。在正常经济环境下，格力销售可以保持30%的增速，公司溢价能力可见一斑。从经营角度看，格力在产品服务溢价方面有一套自己的做法，通过“淡季贴息返利”和“年终返利”的财务策略提高市场占有率；通过推陈出新，利用新产品稳定溢价；通过资本纽带建立营销渠道，凭借卓越的品质和营销，确立了空调行业领导者的地位。

二、公司成长性

成长性为公司溢价能力提升了话语权，为可持续发展增加了抵御风险的筹码。

资产价值是公司经营规模及其多样性的财务表现。拥有亿万资产的公司也是从小到大发展起来的，经历过无数的经济周期和危机的洗礼，在风雨中成长，在沉沦起伏中把管理做得更加规范，把抵抗风险能力锤炼得更加坚强。经营规模小、投资机会少、抵御风险能力弱。经营规模大、收入来源多，可以减轻公司财务对经济周期的依赖性，度过经济萧条的严冬。资产增长为公司产品服务成长保驾护航，是产品服务增长的必要条件，不是充分条件。尽管资产增长不一定能够带来产品服务增长的可持续性。但如果没有资产增长，产品服务可持续增长就变得不可能。

营业收入可持续增长是公司竞争优势的财务表现。如果没有2008年的金融危机，格力电器的营业收入将呈现可持续的高速增长。在金融危机下，格力采取了积极的扩张战略，资产增长呈周期性波动，再现了格力电器产能扩张、消化、吸收和利用，避免产能过剩的经营谋略。资产周转率就是这方面的最好印证。净利润是公司投资的“再生能源”，是公司可持续成长的基础。净利润增长是净资产增长的内在动力，增发股票是外在力量。格力净利润增长始终保持在21%以上，即便是在金融危机时代，净利润增长也达到了38%，这是格力坚持技术质量取胜，走自主研发道路，不断推出新产品，通过创新提高公司核心竞争力的回报。

三、资产管理水平

在评价流程管理效率方面，资产周转率是综合反映资产利用效率的财务指标。其他资金周转指标只不过反映了局部的资产使用效率。公司在追求高的存货周转率时，很可能导致低的应收账款周转率的出现。按下葫芦浮起瓢，各种资产组合效果最终要靠资产周转率担当。在正常经营环境下，资产周转率的波动性是考验公司管理流程稳定性的财务指标。只有稳定的管理流程，公司发展才具有可持续性。在无数小决策下，公司资源和能力才能得到充分挖掘和利用。在可持续性发展方面。小决策胜于大决策，树大招风。大决策容易被竞争对手识别和模仿，无数小决策及其组合拳是竞争对手难以模仿的，是买不走、学不会、偷不去的。沃尔玛资产周转率始终保持在4次以上，竞争对手顶多只有2次，沃尔玛的大决策昭然若揭，小决策鲜为人知，为沃尔玛可持续发展添砖加瓦。除了金融危机影响外，格力电器的资产周转率呈稳步上升的态势，显示格力资产管理水平在不断改善和稳步提高，具有可持续发展的特征。

四、公司资本收益

高的净资产收益率为每股收益可持续上升提供了动力。净资产收益率是衡量公司为股东创造财富的指标。其缺点是没有将借入资本与股权资本同等看待，后果是高的净资产收益率可能隐藏着巨大的财务风险。净资产收益率与财务杠杆之间讳费口深的关系，掩盖了公司真实的获利能力。打通债务资本与股权资本界限，消除资本结构对评价公司盈利能力的影响，要用到资本收益率。资产净利率把不需要付息的流动负债纳入囊中。因流动负债的波动将直接触发资产净利率的波动，同样模糊了人们对公司盈利能力的评价。从融资角度来看，可持续发展表现为公司能够从资本市场上，不断地筹集发展所需要的资本，保持高的资本收益率是公司可持续融资的市场要求。

格力电器净资产收益率一直保持在比较高的水平上，呈波动性上升趋势。与净资产收益率相比，格力的资本收益率显得不是那么高。这主要是资本收益率消除了非经营性资产收益和财务杠杆效用，集中体现了公司核心资产的经营绩效。从家电行业的发展前景来看，10%以上的资本收益率不仅高于同期存贷利率，也高于同期GDP水平和资本成本，为格力经济增加值提供了安全保障。

五、债务能力

在评价公司债务能力上，资产负债率因忽略无形资产（如品牌）的价值而存在缺陷。就可持续发展财务而言，处于相同的生命周期，同行业的公司资本结构都应具有相似性。只有这样，财务才不在可持续上给公司发展添乱。衡量公司债务能力比较到位的指标是已获利息倍数和市值资产负债率。债务能力与公司盈利及其稳定性藕断丝连，已获利息倍数实质上是与盈利相关的财务指标，通过盈利超过利息倍数表达公司债务能力，并通过提高倍数消除盈利波动性影响，维护公司可持续发展形象。市值资产负债率是市场对公司未来盈利预期的结果。隐含地表达了公司无形资产的价值。市值资产负债率低，是资本市场基于公司未来发展对其偿债能力的强力支持，在可持续发展道路上，债务能力至少不会给公司经营添堵。

格力的资产负债率高达75%以上，这样的债务水平不可谓不高，市值资产负债率相对低很多。从格力历年的债务结构来看，长期负债很少，公司债务与银行少有瓜葛，这一点可从已获利息倍数看出。格力已获利息倍数相当高，这是公司经营模式和大量采用商业票据运作所形成的。

流动比率不足之处在于没有将公司运营模式、成长阶段和行业特点表现出来。格力运营模式是自建营销渠道，与经销商建立长期战略同盟关系。资金调动大量采用商业票据，用票据抵押开出票据的手法，消除公司流动资金缺口。实现公司平稳经营。格力流动比率在1附近波动，速动资产占流动资产50%以上。从财务角度看，这是非常激进的流动资产管理模式。格力一直是这么做的，从过去到现在，没有出现不可持续的迹象。如果换个角度来思维，格力依靠品牌优势，大量占用了供应商和经销商的资金。一个愿打，一个愿挨。只要供应商不断补货，经销商不断预付款，流动比率比较低也不会影响公司正常经营。格力正是利用了商业信用优势，降低了融资成本，提高了公司盈利能力。

六、品牌形象

溢价能力与品牌形象相关。品牌形象要么使公司处于市场领先地位，提升市场占有率。要么维持顾客对品牌的忠诚，让顾客支付高价钱，避免恶性价格竞争。品牌形象要靠广告媒介吆喝，要有营销渠道支持。在公司财务上，品牌形象可以通过销售费用与营业收入的比较来表达。将品牌形象从产品服务层面延伸至公司层面，要有可持续研发费用支持和营销战略投入。按照国际现行标准，研发费用与营业收入之比，持续低于1%，企业生存可能面临问题，更不用说可持续发展了。研发费用是衡量企业竞争和发展潜力的指标，相关资料显示，欧、美、日企业研发费用一般占到销售收入的4%～8%，高新技术企业甚至高达15%以上。财务上能够反映公司整体品牌形象的指标是托宾的Q，托宾的Q是用来反映企业市场价值与重置资产账面价值关系的指标，投资者用来测量公司未来盈利潜力。只有托宾的Q是大于1的增长，公司投资才能为公司股东创造财富，这样的增长才是真实的，公司发展才具有可持续性。

格力将销售费用与营业收入之比稳定在10.43%～13.61%，建立了比较稳健的市场品牌营销战略，占据了空调市场第一的位置，为巩固市场话语权和保持持久竞争优势奠定了基础。由于格力电器没有公布研发费用，无从分析研发费用占营业收入的比重，但从无形资产与营业收入之比的趋势来看，随着销售收入的增长，无形资产也在不断增长，这验证了格力研发费用的投入。格力电器托宾的Q分别为1.56、0.77和1.09，这是市场对格力未来发展的评价，其他年份托宾的Q因股权分置影响变得没有意义。

格力电器能够从小到大、从弱到强地成长起来，其成长路线图本身就蕴藏着可持续发展的因子。稳定的销售毛利率和逐步提升的资产周转率是格力电器可持续发展比较鲜明的财务特征，也是公司配置资源的着力点。以史为鉴，就可持续发展财务而言，公司要以能够体现可持续发展属性的财务要素为突破口，管理好公司的资源，格力电器如此，沃尔玛也是如此。

第三节　低碳经济与企业可持续发展

随着全球气候问题日趋严峻，“发展低碳经济，向低碳社会转型”是国际社会为应对全球气候变化而做出的战略选择。在全球节能减排、实行低碳经济的大环境下，如何应对潜在的政策和商业风险，甚至借此创造竞争优势成为企业高管目前面临的一大挑战。

一、低碳经济下的企业可持续发展

由特许公认会计师公会（ACCA）和毕马威联合举办的“碳排放——对企业及其财务管理的影响”持续发展圆桌会议在上海举行。

（一）“低碳”是企业在未来持续发展的保证

近年来，企业已经越来越清楚地意识到，如果不尽快采取包括低碳在内的可持续发展战略，它在未来所需付出的代价将高于今天为可持续发展战略所需投入的成本。随着全球有限资源的逐步消耗，企业正在或即将面临来自各利益相关方的压力，要求企业采取实际行动证明它们对其赖以生存的环境和社会负责。总之，可持续发展战略为企业能够顺利在当前环境下运营，并能在未来环境下持续生存与发展提供了保证。

（二）企业碳管理战略需要完善的财务管理支持

金蕾认为越早行动的企业，越能尽早获得竞争优势。金蕾介绍，在碳经济时代，一个产品要附加上它的碳排放量成本，才是产品最终的成本，因此碳排放量的成本越低，产品自然越有竞争力。金蕾建议企业从三方面着手制定碳管理战略。“首先要了解企业目前的碳排放情况，明确管理方向，比如是以提高能效的方式还是以碳交易的形式来减排，如何平衡投入和收益。其次是碳排放量的管理，比如确定碳排放测量的界限以及重要排放来源。最后就是建立一个相对健全的报告系统。这三方面都需要企业完善的财务管理作为支持。”

（三）低碳经济下，财务专业人士起重要作用

周俊伟表示，在针对碳排放的企业结构转型的过程中，财务管理人员扮演着对内风险管理和整合数据，对外关注动态和通报信息的重要沟通枢纽角色。此外，“综合报告”目前正受到国际上的关注，被广泛认定为企业报告未来的发展趋势。它需要企业整合并披露所有影响公司未来财务业绩以及公司风险评级活动的环境、社会及治理因素。财务人员作为报告的撰写者势必要加深对环境和社会对经济发展的影响，才能发挥更好的作用。周俊伟认为，财务专业人士在评估企业风险，保证碳排放数据的准确性和完整性，平衡成本与效益以及有效支持管理层决策等方面，必将发挥重要作用。

（四）低碳人才也将成为“抢手货”

周俊伟表示，实施可持续发展战略需要企业管理层和各级员工的通力合作。与此同时，根据产业及企业的个别情况而定，战略实施的不同阶段还需要某些特定的知识和技能。例如，在收集数据查明企业使用碳的过程中，需要结合企业所在行业的特性采取特定的计量方法。目前，具备相关技能的人才明显较为短缺。这意味着那些能够适应低碳经济发展、及时汲取相关经验和拓展技能的人才将成为新兴绿色经济体中抢手的人才。

（五）节能减排需要完整系统支持

柳方说：“如果整个市场都能有节能减排的意识，企业就能够通过工业化降低节能成本、提高效率。这不仅要靠公司的努力，更要有一整套的系统

支持，有完善的政府参与，有完善的能源审计部门参与，这样的节能才是真正有效的。这需要一个过程，但首先我们要有决心和有信心做好节能减排的工作，而企业积极参与的动力之一，就是这确实能够转化为巨大的收益。”

（六）“低碳先行”，优化考纲与实践分享并重

关于企业可持续发展的重要性及其对企业管理和战略的影响，ACCA不仅将其纳入在资格考试的相关科目中，在后续教育活动中也不断地将企业可持续发展方面的最新动态呈现给ACCA会员，以确保会员相关知识的持续更新。如今年举办的系列可持续发展圆桌会议，目的是希望能提供一个互动的平台，让企业高管，尤其是财务高管，对碳排放和可持续发展方面为企业带来的影响、风险及机遇，提高认识，交流经验，从而做好准备，投入行动，赢得先机。

二、持续发展战略的生态维度

可持续发展战略的提出在人类生态伦理观的发展史上具有重要的意义。可持续发展战略的生态维度不仅在于它完成了人类中心主义的生成与解构，而且在于它蕴含着协调、永续发展的生态思想。

面对当今世界全球性的生态危机，国际社会众说纷纭，纷纷提出了各自解决问题的答案。在众多的方案中，可持续发展战略因其思想的深刻性和解决问题的实践可操作性，颇为引人注目。不可否认，可持续发展战略已成为人类社会跨世纪发展的战略抉择。要坚持和落实这一战略，就必须重新审视人类中心主义，在思想观念上对人类重新定位，同时做到与自然相生共容，和谐发展。

（一）人类中心主义的生成与解构

过去生态伦理学中的人类中心主义，确实有着这样那样的局限性和缺点，但其中主要的局限性并不在于它主张以人类的道德关系作为它的对象，不在于它主张以人类为中心，而是因为它不能够从人类的长远的、根本的、可持续发展的观点和视角来看待生态环境的问题，“而对自然中心主义也要采取辩证的态度，它在生态危机日益严重的情况下，提出环境保护和生态平

衡，可谓切中要害，为人类谋福利它强调动物的解放或权利，凸现出它并没有看到生态问题的症结之所在”。正如罗国杰所言，生态问题的症结不在于动物和植物有没有权利，而在于人类滥用自然、竭泽而渔的方式损害了文明持续发展的权利。不管是人类中心主义，还是非人类中心主义，无一不违背了恩格斯一百多年前对我们的告诫，我们必须时时记住我们统治自然界，决不像征服者统治异族人那样，决不像站在自然界之外的人似的。相反地，我们连同我们的肉、血和头脑都是属于自然界和存在于自然界之中的我们对自然界的全部统治力量，就在于我们比其他一切生物强，能够认识和正确运用自然规律。

随着时代变迁而发展的人类中心主义，将人类从征服自然的信条下解放出来，这是一大历史性的进步。身处生态危机中的人类反思传统的自然观，经过了艰辛的探索，人类终于对人与自然的关系产生了全新的认识。在此基础上，人类形成了一种新的观点——可持续发展。毋庸置疑，正视现实，在人与自然的关系上，在人对自然的掠夺过程中没有谁是胜利者，人虽然暂时会取得一点胜利，但自然会加倍地报复人类。传统的自然观造成了人与自然的对立，并且以人类征服自然的合理性为最高形式，从而导致了人与自然的双向异化，自然被人所分割，人类被自然所左右。

因此，解救人类困境的钥匙在人类自身上，人类首先要从思想上转变认识，即把自然当成人类的朋友，建立起人与自然的协调发展的新型关系，寻求一个人与自然和谐同处的理想世界，从而消除人与自然的对立和冲突。人类必须对自然采取全新的态度，它必须建立在协调关系之上，而不是征服关系之上，必须发展一种对自然的新态度，它的基础是同自然协调，而不是征服。

（二）新生态伦理观

可持续发展战略的基本维度“可持续发展”是这样一种观念，即既要满足人的需要，又不能以破坏环境为代价；既要满足当代人的需要，又不损害后代人的长远利益同时，它既强调现实的发展，也注重未来的发展。可持续发展是一种从环境和自然资源角度提出的关于人类长期发展的战略和模式，它不是一般意义上所指的一个发展进程要在时间上连续运行、不被中断，而是特别指出环境和自然的长期承载能力对发展进程的重要性，以及发展对改善生活质量的重要性。“可持续发展的概念从理论上结束了长期以来把发展经济同保护环境与自然相互对立起来的错误观点，并明确指出了他们应当相互联系和互为因果的。人类的发展有赖自然界的发展，自然界的发展也有赖于人类的发展，它所追求的是促进人类内部的和谐以及人与自然之间的和谐。”我们既可以把可持续发展伦理观看作当代生态伦理学的应用和实践，也可以把它看成是当代生态伦理学的发展。它的最大特点是融合了各个学派的基本点或共同点，把它实际应用到解决人类发展问题上。

我们必须对人与自然关系采取一种整体主义的立场，把人与自然看作相互依存、相互支持的整体，即共同体。可持续发展理论所强调的可持续性是建立在自然资源有限性的基础上的，或者说人与自然和谐具体体现在人类发展的可持续性与自然资源有限性和谐之上，这就构成了人与自然的共同体。

在构成现实世界的世间万物中，只有人才具有理性，具有从根本上改变环境的能力，能够破坏环境，也能改善环境，因此人有正当理由介入到自然中去，可持续发展伦理观认为，人类为了可持续地生存和发展，必须要更有理性地介入到自然中去，调整人与自然的关系，做到人与自然的和谐。应当看到，人类中心主义作为西方文化的主流观念在探讨当代环境问题根源和承认自然界价值以及主张人类必须承担保护自然的义务方面有过突出的建树，但它以人的利益为价值判断的传统观念并没有实质性的改变。我们也应当承认，非人类中心主义对于纠正人们长期以来习惯的人类利益高于一切，人类需要绝对合理的思维模式具有积极意义，但它忽视了人类文明的合理性，也没有看到人类调整自己行为的理性力量，可持续发展理论虽然也被看作从人类中心主义出发的发展模式，但可持续发展伦理观更强调人类可以有理性地约束自己行为，去努力做到人与自然的和谐，所以它成为被全世界普遍接受的人类迈向新文明的一种现实选择。

在处理人与自然的关系上，人与自然的关系是相互作用的。人是从自然中分化出来的，是具有自我意识的一部分。脱离自然界的人，同脱离人的自然界一样都是空洞的抽象，现实、事物、感性都是人与自然相互作用的产物。自然与人应该是在平等的地位上，人类之所以能统治自然界，是因为我们能够认识和正确运用规律，而不是去奴役它。人作用于自然，自然也反作用于人。人依赖于自然而生存自然为人类提供必要的生活资料和劳动资料。人通过劳动改变世界，同时也在改变人本身，恩格斯反对自然主义的历史观，他说，自然主义的历史观，如德雷帕和其他一些自然研究家或多或少持有的这种历史观是片面的，他认为只是自然界作用于人，只是自然条件到处决定人的历史发展，他忘记了人也反作用于自然界，改变自然界，为自己创造新的生存条件。同样，人类从自己的主观能动性出发作用和改造自然，自然也会给人以反作用。如果人类不遵循自然规律，任意破坏自然界的生态平衡，自然也会予以报复。

可持续发展伦理观认为，人和自然既有相互依存的工具价值，又具有各自独立的自身价值。自然对人的工具价值在于它的可利用性，人对自然是互为尺度的关系。衡量这种价值的尺度，既不在人与自然自身之内，也不在对方之内，而在于人与自然的共同体，这才是唯一的价值主体。由此可以明确人对自然的权利和义务。一方面人有权利利用自然，满足自身的需求，但这种需求必须以不改变自然的连续性为限度；另一方面，人又有义务在利用自然的同时向自然提供相应的补偿。“可持续发展理论强调，必须调整人对自然权利和义务的界限，以恢复自然的正常状态”，这就是可持续发展伦理观对生态伦理学的贡献。

由于现代科学技术的飞速发展，人类文明已经达到前所未有的高度。而人类的这种空前强大的力量使得人们在人与自然的相互作用中显示出了对环境和资源的巨大支配力。但在另一方面，与这种支配力相伴而行的是对环境和资源的巨人破坏力。这种破坏力是如此强大，以至于在人类征服自然过程中，在某些领域使环境的破坏成为不可逆转的，使某些资源成为不能再生的，使自然界本身自我修复、自我再生的能力有根本丧失的危险。在这生死存亡的历史关头，人们不能不重新审视人与自然的关系，改变观念和端正态度已成为历史发展的必然要求。这就是改变过去那种人与自然的对立斗争以及一味征服的旧观念，而代之以符合时代特点的新观念，建立人与自然之间的和谐、统一的新关系，走可持续发展的道路。正是这一点构成了可持续发展战略的基本的生态伦理维度。

第四节　完善经济管理推动企业可持续发展

一、经济管理在企业中的重要性

企业完整的管理体系包含多个方面，其中经济管理是重要的组成部分，很大程度上决定企业的生死存亡，关乎企业的发展。所谓的企业经济管理，顾名思义，就是管理企业的经营活动，其以为企业经济效益服务为最终目标。健全企业的经济管理能够为企业起到良好的积极的作用，一是很多企业，尤其是欧式企业最重视的问题就是怎样利用最小的成本获得最大的经济效益，如果企业做好了经济管理体系，就能够将资金花在最重要的地方，保证企业利用有限的资金获得最大的经济效益，保证企业长久健康的发展。二是有效的经济管理体系能够保证企业在进行切实有效的经济活动之后，获得足够的利润，很多经济管理体系不够完善的公司，在进行了相应的经济活动之后往往不能够获得足够的利润，会发生诸如还款、催账、客户维护管理等诸多不利于企业盈利的事情，在经营管理中，实现利润将是非常关键的环节，利润实现并不完全相当于利润创造，其中利润实现是将已获得的利润转移到公司之中来。企业通过经济管理可以有效地避免这些问题发生。三是企业有效的经济管理在提升企业经营效率的同时，还能够为企业将来的发展铺设好道路，让企业的内部职能更加的明确，人员分配更加协调，统筹协调能力更加出色，生产技术不断革新，从而增加企业可持续发展的能力。

二、经济管理在企业运行中产生的问题

对于一个企业的经济管理来说，并不是一蹴而就的，它需要长时间的

进行执行，并且在错误当中不断地改进，因此是一项复杂且艰巨的工作。企业在经营的过程当中可能会遇到各种各样的问题，不管是企业内部的制度执行的困难，还是外部的市场形势的快速变化，都给正在成长当中的企业制造了不小的难题。目前我国企业在经营管理活动中，通常包括以下几项重要内容：企业生产、审核、内部生产、审核等。

（一）企业内部生产与审核

要使企业能够在瞬息万变的市场形势中脱颖而出，就要制定正确可行的企业经营管理体系，不断提升企业竞争力，获得可持续发展，只有加强了企业经济管理的有效控制，才能够达到增强企业管理效果的目的。企业内部管理的主要作用是引导和导向，它能够帮助企业制定出发展的目标和路线，所以对于管理者来说，最重要的事情就是需要对于企业当中的各项管理条例，以及经营当中发生的情况进行审核，并且在发现问题之后，再制定出相应的改革措施。但是目前来看，很多企业并没有完全意识到这一点的重要性，很多管理者对于条例审核不认真，导致管理条例制定不够准确和健全，遇到经营方面的问题也没有第一时间制定可行的方案，使得企业错过参与市场竞争的大好机遇，在一定程度上阻碍了企业的进一步发展。

（二）组织机构的评审与设置

企业经济管理体系的制定并不是凭空想象的，也不是所有企业都是相同的，它须结合每个企业内部自身实际的发展情况，以及外部市场的导向所制定，所以要将企业内部的实际经营情况与外部的市场形势进行相应的整合，科学地、合理地、适当地调整企业管理模式，使其实现系统化、科学化和规范化。但是很多企业在制定企业经济管理体系时，缺乏对于企业内部自身情况的系统的认识，对于外部的形式也不是很明朗，企业制定出来的经济管理体系没有办法与外部的市场形势进行有机的结合，使得企业的发展脱离市场规律，导致企业经营出现问题。通常来讲，都是由企业当中的领导或者高层来进行商议，决定企业经济管理体系的制定，然后将管理当中所提到的职责分配给相应职位的职员，由职员进行执行，一般还会根据执行的情况采取企业职员的意见和建议进行体系的完善和修改。随着市场经济的不断发展，企业的经营观念也在随着经济的发展不断变化，管理者要注意管理体系中运行机制，来确保企业发展战略与社会前进方向、客户需求相同，以此来不断提升企业的核心竞争力。

三、完善企业经济管理体系的策略

（一）企业经济管理组织机制的创新

在当今的市场经济形势下企业只有通过不断与市场环境的变化相结合，不断地调整自身的发展轨迹才能够实现可持续发展，一般的企业在进行机构建设时会将建设重心放在保持企业结构的稳定性上，这样能够使企业内部的职能更加明确，但是也会带来些弊端，例如缩减了企业信息来源的渠道，一定程度上会影响企业内部的各个部门之间的运作协调和配合，导致企业内部之间的信息流通不畅，联系程度不断下降，就会在根本上影响企业的生产环节，使企业在实际的生产活动中无法进行良好的合作与衔接。由此可见，传统的组织机构有一定的可取之处，例如将获得企业的经济效益作为最根本的目标，而在短时间内能够保证企业的经济效益获得最大化，企业的经济实力能够迅速提升，但是从长远看，这种传统的组织机构没有办法保证企业内部的连接顺畅，从而影响企业的发展前景。在这样的背景下，就需要企业内部的管理人员和领导层更新管理观念，创新企业经济的管理体系，调整企业内部的组织机构，实现企业生产效率与质量的双提升，推动企业的可持续发展。

（二）更新管理观念与相关制度

一些具有发展前景的企业往往并不急于获得短期内的巨大的经济效益，他们比起追逐利益更加看重理念与制度的更新和调整，这些企业会在企业发展的初期将工作的重心放在不断地改进创新管理体系上面，并且通过应用自主经营和自负盈亏的运营方式，从而保证企业的发展稳定，根据外部市场的动向不断地调整企业的经营理念，最终实现企业的长效发展，获取足够的经济效益。同时，相关的管理人员会通过不断进行制度的优化，从而对企业内部有限的资源进行整合，发挥出企业整合资源的效应，使企业资源分配与制度符合社会主义市场经济的发展要求，不断增强内部组织机构建设力度，实现企业可持续发展。在此过程之中，企业管理人员需要调动起员工的工作积极性，采用奖励机制，保证企业的可持续发展。另外，相关人员还要关注业务发展服务的获取，进一步拓宽企业融资的渠道，使企业有充实的资金支持，为企业战略方案的实现，提供一系列必要的支持。

第六章　现代企业经济管理的创新

企业经济管理是企业发展的核心，在新的历史背景下，只有将创新作为经济管理的重要目标，才能确保企业的长期可持续发展。本章从分析当前企业经济管理创新中存在的主要问题入手，提出了经济管理创新应把握的重点。

第一节　企业经济管理发展与创新

在市场经济体制下，尤其是随着我国社会主义市场经济体制的日益完善，企业依照创新特别是制度创新来赢得更大市场份额、获取更大市场竞争力的要求越来越迫切。所谓的经济管理，主要是指企业依托自己的长远规划和战略目标，采用系统理论发现企业管理中的不足，并提出有针对性的解决措施，以期能够提高企业的核心竞争力、增加企业的经营利润，并获得可持续发展能力。

一、当前企业发展的环境概况

面对疲软的国际市场需求，我国的企业如何实现持续、良好的发展成为了目前的研究热点和难点。不少经济学专家均认为美国次贷危机引发的国际金融危机已经基本过去，或至少已经进入了危机末期，包括美国在内的部分国家经济形势已经得到了恢复性的增长，外部市场需求也开始恢复。然而近两年，欧洲债务危机的发展，使得欧洲尤其是欧元区的经济和市场需求，引发了进一步的变化。在新的外部环境变化的影响下，国内企业需要重新规划自己的发展战略，不断评估市场的需求变化情况，以期通过自己的变革来适应后金融危机时代和欧债危机期间的发展环境。企业的经济管理非常强调系统管理方法，创新企业经济管理制度，需要全面审视企业当前的内部制度和外部环境的匹配程度，重点从企业的生产、人力资源、内部控制等方面进行突破。经济管理的创新是全方位的，既有企业管理理念、危机意识方面的构建和创新，更有制度方面的完善和变革，只有真正做到现代化的、全方位的自身管理制度革新，才能够适应新的市场环境。

知识经济已经成了当前企业发展环境的典型特点。在知识经济时代，各种信息化手段的运用是不可或缺的，唯有紧急抓住信息化变革的脉搏，重视各种先进信息技术的运用，尤其是现代化决策系统的构建，才能够在实质意义上变革企业的作业流程、精简企业的管理层次，实现信息传递、消息反馈和管理效率的三重提升。收集整理是适应知识经济时代的关键因素，企业变革经济管理制度，必须要高度重视企业管理人员思维模式、管理理念的现代化和时代化，及时主动更新自身的知识结构，为企业的经济管理创新提供必要的智力支持。

（一）企业进行经济管理创新的必要性

1．经济管理创新是新形势下更新企业管理理念的必然要求

不可否认的是，虽然我国企业在适应市场经济体制、参与国际市场竞争方面的进步巨大，但是相对于有着几百年市场经营经验的国外企业而言，还有许多地方需要学习和变革。缺乏先进的管理理念是我国企业普遍存在的问题。不少企业已经充分认识到了企业革新经济管理的重要性，但是由于各方面的原因，只有少数的企业取得了良好的实际表现。拖后腿的管理理念使得不少的企业只能够进行表面的经济管理革新，没有获得本质性的转变。突出表现就是，企业采用旧的管理理念指导企业一切运营和制度革新，导致企业无法完全适应市场经济体制的各种运行规则，最终阻碍企业的长远发展。

2. 经济全球化是新形势下更新企业管理理念的外在动力

世界经济的联系日益密切已经成了不争的事实，其他国家的经济波动便会直接反映在国际市场当中，并有可能对本国的经济发展产生不利影响。面对日益激烈的国际市场竞争环境，我国企业单纯依赖低成本优势占领国际市场的美好时光正在潮渐远去。通过实现企业经济管理的创新，提高产品质量、突出企业特色、增强企业创新能力，已经成了企业实现可持续发展的必要条件。通过对最近几年国外企业发展战略调整的观察，我们可以清晰地看出，国外企业都在不约而同地进行自我变革，努力突出自己的特色优势。这应该能够给我国的企业发展提供充分的启示。

3. 制度落后是新形势下更新企业管理理念的内部原因

与国外企业相比，我国企业在自身制度建设方面，不论是在制度现状方面还是在重视程度方面，均存在着较大的差距。面对日益激烈的市场竞争，企业为了获得更大的生存空间，必须要进行自我变革，必须要推进企业经济管理变革。有很多企业经营实践表明，由于缺乏先进的管理制度致使企业管理制度的先进性无法得到体现，内部控制一直难以有效落实。目前，不少企业的内部控制目标定位偏低或者脱离实际，而且由于这些目标往往过于形式化，没有办法保证企业内部控制运作的高效性和规范性，使得企业的协调机制无法统一化，最终导致企业经营效益的下降。

（二）在新的历史形势下企业进行经济管理创新的途径和方法

1. 以先进理念作为指导思想

探索新的历史形势下企业进行经济管理创新的途径和方法，必须要有先进的理念作为指导。只有在先进理念的指导下，才能够确保经济管理制度创新方向和原则的正确性，才能够保证企业的创新规划符合企业的根本发展战略，才能够保证企业制定出科学的、合理的管理策略和执行方法。具体而言，在企业进行经济管理创新中贯彻先进理念，必须要做好以下两点：第一，坚持上下结合的理念贯彻路径。企业的管理层和领导人需要自觉地掌握先进理念，作为企业发展的领头人，他们的经营理念是否先进将会直接决定企业的发展状况；同时，企业职工作为企业数量最多的集体，他们是执行先进理念的一线人员，他们的理念是否先进，将会直接影响企业各种管理制度、经营方针的执行效果。因此，贯彻和落实先进理念需要企业高层和企业基层共同努力，让企业的全体人员均能够以先进的理念创新经济管理，并高效执行各种相关政策。第二，要勇于破除旧理念。破除旧理念需要极大的勇气和卓越的见识。企业领导层在逐步纠正旧理念的过程中，需要循序渐进，严禁急功近利；坚持步步为营，让企业组织在彻底消化一部分新理念的基础上来逐步推动新理念的完全落实，避免因为行动的过激和过急导致企业无所适从。

2. 实现经济制度的创新与完善

制度的完善与创新能够让经济管理的改革持久发挥作用，这是在探索企业经济管理创新过程中总结出的重要经验。企业经济管理的创新成果需要通过制度的建立来进行巩固。完善和创新相关制度，企业必须要学会通过建立约束性条款的方式来让企业自身和全体员工依照相关规定自觉运行，并密切企业和全体人员之间的联系。为了激发企业潜在的创新能力，需要构建起全面、有效的激励体系，让员工的各种有益创新行为能够得到奖励，形成示范效益，进而增强整个企业的创新氛围和创新活力。另外，与制度创新相匹配的组织建设和组织创新也应该同步进行，让组织成为制度得以落实的有力载体，推动企业的全面可持续发展。

3. 强化企业的内部控制管理

第一，加强对企业各部门的调控。企业的内部控制是经济管理中重要的组成部分，一些以财务为依靠的企业不能适应市场经济发展的要求，所以，相应地，需要对财务部门做出改变，使财务管理向着全面化的发展趋势发展下去。第二，完善企业监督体系。随着市场经济的发展，完善一定的财务内部监控工作，对于竞争激烈的市场经济体制有着不可估量的作用，建立对财会控制为核心，实行内控机制，提高财务等各部门的认真、负责的态度，避免各种不合规章制度的行为发生。

4. 提高企业的信息化技术实力

信息化技术是实现经济全球化和经济一体化的基本保证，是当代社会化生产高速发展的首要条件之一。建设能有效降低成本和加快技术的革新，帮助企业转换经营机制以及推行现代企业制度，来增强企业产品的市场竞争力。当前企业信息化实现的标志之一就是对信息的快速反应能力，其是企业检验整个企业效率和其产业链在市场的竞争力的重要指标。实现企业信息化，既是社会改革的需求，也是企业适应市场发展的需要。当前我国企业随着信息化技术的不断发展，企业内部的改革不断地深入，绝大部分企业管理方式正在向创新管理方面迈进。为在未来更加激烈的市场站稳脚步，企业必须变革管理方式，加强管理信息化创新方面的建设是未来必然的选择和出路。

在新的历史形势下，企业的经济管理制度必须要与时俱进，不断适应变化的客观环境，满足企业新环境下的发展需求。因此，创新企业经济管理制度，必须要高度契合企业的发展宗旨，有清晰明确的经营目标和管理措施，能够保证获取完成企业发展目标的各种必需资源。

二、企业经济管理创新存在的主要问题

对一个企业而言，创新能够使其适应内外部环境的变换，打破系统原有的平衡，创造企业新的目标、结构，实现新的平衡状态，没有创新就没有发展。特别是在当前市场波动剧烈，企业生存压力大的背景下，只有企业经济管理的创新，才能将企业计划、组织、领导、控制等职能推进到一个新的层次，适应环境的变换，赢得竞争的优势。

（一）企业经济管理创新重形式轻落实

创新的重要作用已经得到了企业上下的普通认可，但在如何落实方面，许多企业还存在着重形式、轻落实的问题。一是管理层缺乏对经济管理创新的认识。当前企业管理者往往将更多的精力投入到了企业设备升级、人力资源培养等方面，但对经济管理创新缺乏全面的认识，使得创新的力度不够，效果不佳。二是工作人员缺乏对经济管理创新的动力。经济管理人员往往依照企业传统的管理模式和经验，对经济管理创新缺乏必要的认识，在工作中照搬照抄以往的方式，创新力度不足。三是企业上下缺乏经济管理创新的氛

围。企业整体创新氛围不浓，特别是一些中小企业，其多为家族式、合伙式的模式，没有在企业中将创新作为企业发展的最核心动力并加以落实。

（二）企业经济管理创新缺乏人才支撑

人才是企业经济管理实施的关键。但在实际工作中发现，企业经济管理工作人员存在着不少的问题，影响了创新的形成。一是观念不正确。许多人员将创新作为企业管理层的行为，而对自身的作用没有充分的认识，往往是被动式的工作，而对能否更好地提高工作质量没有足够认识。二是动力不足。企业对员工创新的鼓励措施不到位，没有充分调动员工的积极性，影响其作用的发挥。三是监管不得力。企业内部管理不规范，对经济管理行为没有给予科学的评估标准，干好干坏的差距不明显，造成了企业管理的效益低下。

（三）企业经济管理创新缺乏必要保障

企业经济管理活动是一个涉及企业方方面面的系统工程，其创新的实现需要一定的条件作为保证。但在实际的工作中，许多企业由于缺乏必要的保障，导致创新难以实现。一是经济管理组织不合理，一些很好的创新方法难以得到有效的落实，而组织结构的不合理也造成企业经济管理效率不高。二是经济管理评价不科学。企业对经济管理工作的评估体系不科学，也使得相关人员工作标准不明，影响了工作的质量和效果。三是缺乏必要的奖励机制。许多企业对经济管理创新没有足够的奖励，因此企业只能照搬照抄其他企业的经验，而不能针对自身的特点，采取必要的措施，加以改进，造成了经济管理的效益低下，而对一些有着一定价值的创新模式没有加以落实，对相关人员给予的奖励不足，也造成了员工对企业经济管理的兴趣不足，影响了经济管理的开展。

三、企业经济管理创新应把握的重点环节

企业经济管理作为企业一项核心工作，其创新的价值对企业发展具有重要作用，因此要抓住重要的环节，以点带面促进企业经济管理质量的跃升。

（一）经济管理的观念创新是基础

经济管理必须要紧密结合市场的发展变化和企业现实的特点，而不能一味地沿袭传统的模式，因此首先要在观念上树立与时俱进的意识。一是管理层要树立创新是核心的意识，就是要求企业管理层要将创新作为企业管理的重点，将创新作为考评员工工作质量的重要依据，为其提供良好的外部环境。二是工作人员树立创新是职责的意识，就是要培养其创新的内在动力，使其随时改进管理模式、创新工作方法作为工作的重要职责，加以贯彻落实。三是员工要树立创新是义务的意识，就是要积极鼓励普通员工加入企业经济管理创新的活动中，集思广益，实现企业经济管理质量的提升。

（二）经济管理的技术创新是保障

要发挥当前科技进步的优势，将电脑、网络、自动化平台等先进的设备加入经济管理活动中。一是建立完善的管理数据库。企业经济管理涉及企业的方方面面，因此建立完善的数据库能够有效地提高管理的质量和效益，为管理人员提供精确的数据，促进管理质量。二是建立亲民的管理平台。要建立科学的互动平台，能够让员工有通畅的渠道反映问题、提出建议，为经济管理工作的改进提供支持，如建立企业论坛、聊天群等模式。

（三）经济管理的组织创新是关键

组织模式代表了一种对资源的配置方式，包括对人、财、物资源及其结构的稳定性安排。特别是在当前信息量大、市场变化剧烈的环境下，如何建立适应市场要求，满足企业发展需要的管理组织模式就成了企业经济管理创新的关键。因此，一是建立精干的管理组织，就是要通过职能分工细化等方法，结合先进的科技手段建立精干的管理组织体系，摆脱传统的机构臃肿、人浮于事的问题。二是培养核心的团队精神，就是要通过企业文化的影响、管理结构的改变，提高企业管理人员的凝聚力、向心力，形成企业经济管理的合力，为创新的落实提供可靠保证。三是树立高效的组织形式，就是通过分工合作、责任追究等方法，促进企业管理模式的改变，建立高效、务实的管理特点。

（四）经济管理的人才培养是核心

一是加强现有人员的培养。对企业现有的经济管理人员可以通过在职培训、脱岗培训等方式，提升其素质，将创新的观念渗透其思想，促进管理质量提高。二是提高新进人员的素质。在对新进人员的招录方面，提高标准，改变传统的以学历为条件的方法，对其创新能力、综合素质进行考核。三是科学规划人员的发展。企业要为其经济管理人员的发展提供保障，在岗位设置、薪酬等方面给予保证。

四、网络经济下企业财务管理的创新

进入21世纪以来，随着网络通信和多媒体技术的迅速发展，网上企业、虚拟企业等新的企业系统应运而生，网络经济逐渐形成。网络经济改变了人们的传统的资本、财富和价值观念，使财务管理的环境发生了变化，给企业参与市场竞争带来了新的机遇与挑战，对企业经营管理全面创新将发挥重要的推动作用。财务管理作为企业经营管理的重要组成部分，面临着自身能否快速跟上新技术、适应网络经济的挑战。

（一）财务管理目标的创新

网络经济的重要标志之一是人类生产经营活动和社会活动网络化。财务管理必须顺应潮流，充分利用互联网资源，从管理目标、管理内容和管理模式进行创新。传统财务管理目标以“利润最大化”“股东财富最大化”或“企业价值最大化”为主，它是基于物质资本占主导地位的工业经济时代物质资源的稀缺性和使用上的排他性等原因产生的，体现了股东至上的原则。然而，在网络经济下，人力资源、知识资源在企业资源中占主导地位，企业相关利益主体发生了改变，若财务管理的目标仅归结为股东的目标，而忽视其他相关主体，必然导致企业相关主体的冲突，最终损害企业的利益和财务管理内容的创新。

1．融资、投资创新。在传统经济形式下，企业的融资是指以低成本、低风险筹措企业所需的各种金融资本；投资资金的运用，主要指固定资产投资和项目投资。而在网络经济下，人力资本、知识资本的管理是企业财务管理的重心。因此，企业的融资、投资重心将转向人力资本和知识资本。目前，在网络经济下企业的竞争是人力资本和知识资本的竞争，谁拥有了人力资本和知识资本，便拥有了发展、生产的主动权。因此，筹集知识资本和储备人力资本将成为网络经济下财务管理的重要环节。

2. 资本结构优化创新。资本结构是企业财务状况和发展战略的基础。而网络财务中资本结构优化创新包括以下几个层面：一是确立传统金融资本与知识资本的比例关系；二是确立传统金融资本内部的比例关系、形式和层次；三是确立知识资产证券化的种类、期限，非证券化知识资产的权益形式、债务形式以及知识资本中人力资本的产权形式等。通常情况下，企业资本结构的优化创新是通过投资与融资管理而实现的。只有优化资本结构，使企业各类资本形式动态组合达到收益与风险的相互配比，才能实现企业知识占有与使用量的最大化。

3. 收益分配模式创新。在网络经济下，企业资源的重心转向人力资源和知识资源，有知识的劳动者成为企业的拥有者。企业的资本可分为物质资本和知识资本。企业的拥有者发生了变化，收益分配模式必然发生变革。收益分配模式由传统的按资分配变为在企业的物质资本和知识资本的各所有者之间分配，按照各所有者为企业做出贡献大小及所承担风险大小进行分配。

财务管理模式的创新在互联网环境下，任何物理距离都将变成鼠标的距离，财务管理的能力必须延伸到全球任何一个结点。财务管理模式只有从过去的局部、分散管理向远程处理和集中式管理转变，才能实时监控财务状况以回避高速度运营产生的巨大风险。企业集团利用互联网，可以对所有的分支机构实行数据的远程处理、远程报账、远程审计等远距离财务监控，也可以掌握如监控远程库存、销售点经营等业务情况。这种管理模式的创新，使得企业集团在互联网上通过网页登录，即可轻松地实现集中式管理，对所有分支机构进行集中记账，集中资金调配，从而提高企业竞争力。

（二）网络经济下企业财务管理的缺陷

网络经济是基于Internet为载体而运行的经济形式，也是电子商务充分发展的经济。由于经济活动的数字化、网络化，出现了许多新的媒体空间，如虚拟市场、虚拟银行等。许多传统的商业运作方式将随之消失，取而代之以电子支付、电子采购和电子订单，商业活动将主要以电子商务的形式在互联网上进行，使企业购销活动更便捷，费用更低廉，对存货的量化监控更精确。这种特殊的商业模式，使得企业传统的财务管理的缺陷暴露无遗。

在网络环境下，电子商务的贸易双方从贸易谈判、签订合同到货款支付等，无须当面进行，均可以通过计算机互联网络在最短的时间内来完成，使整个交易远程化、实时化、虚拟化。这些变化，首先对财务管理方法的及时性、适应性、弹性等提出了更高要求；并使得企业财务分析的内容和标准发生新的变化。传统财务管理没有实现网络在线办公、电子支付等手段，使得财务预测、计划、决策等各环节工作的时间相对较长，不能适应电子商务发展的需要。另外，分散的财务管理模式不利于电子商务的发展。不能满足新的管理模式和工作方式的需要。

财务管理传统的结算资料主要来自财务会计的成果，借助经济数学和统计学的一些基本方法，对以财务报表为核心的会计资料进行处理，并据以预测未来经济条件下企业可能达到的损益状况。而在网络环境下，电子商务能在世界各地瞬间进行，通过计算机自动处理，企业的原料采购、产品生产与销售、银行汇兑等过程均可通过计算机网络完成。

不能避免财务管理出现的新风险。在网络经济下传统企业财务管理首先遇到的是网络交易安全问题。由于财务管理中涉及的交易用户由传统的面对面的交易改为了通过互联网进行交易，而互联网体系使用的是开放式的TCP/IP协议，并且以广播的形式进行传播，交易用户的信息很容易被窃取和篡改，即使是合法身份的交易人，由于采用无纸交易，交易对方也可能会抵赖交易，从而给网络交易安全带来了极大威胁。传统的财务管理多采用基于内部网的财务软件，没有考虑到来自互联网的安全威胁，而企业财务数据属重大商业机密，如遭破坏或泄露，将造成极大的损失。

（三）网络经济下财务管理创新的实施构想

企业财务管理创新是网络经济全球化的客观要求，也是企业发展的当务之急，在此笔者提出几点实施财务管理创新的构想：

网络经济的兴起，使创造企业财富的核心要素由物质资本转向人力资本和知识资本。因此企业理财必须转变观念，不能只盯住物质资本和金融资本。首先，企业财务只有坚持以人为本的管理，充分调动员工的积极性、主动性和创造性，才能从根本上提升企业财务管理的水平。其次，企业财务人员必须树立正确的风险观，善于观察和面对复杂的竞争环境，能够科学准确地预测市场环境下的不确定因素。最后，要重视和利用知识资本。企业既要为知识创造及其商品化提供相应的经营资产，又要充分利用知识资本，使企业保持持续的利润增长。

加强财务人员的网络技术培训。在以数字化技术为先导的网络经济下，财务管理创新的关键是对于网络技术的普及与应用，而对财务人员进行网络技术培训，可提高财务人员的适应能力和创新能力。因为，对于已拥有经济和财会理论基础的财务人员学习现代网络技术，就可将经济、财会、网络有机地结合起来，从多角度分析新经济环境的需要，制定合适的财务策略。同时，通过技术培训可使财务人员不断汲取新的知识，开发企业信息，并根据变化的理财环境，对企业的运行状况和不断扩大的业务范围进行评估和风险分析。只有这样财务管理人员才能适应网络经济发展的要求，实现财务管理的创新。

第二节　现代企业经济管理存在的问题

一、企业经济管理

企业经济管理是企业围绕切实可行、有长远规划的战略目标的工作中引入包括组织机构设置和职能、经济管理体系文件、经济管理体系评审、资源管理、内部审核、不符合控制、数据分析、持续改进、核算和计量装置的控制、材料采购过程的经济控制、生产和服务提供过程的经济控制、遵循法律和法规等项目的经济管理体系，用系统的管理方法去发现和解决管理企业的问题，通过系统的管理去处理企业内部和外部的各种经济和人事上的各种问题，优化企业的内部编制、加强日常工作的严谨性，提升企业的外部竞争力，切实地推进企业的发展步伐，保持企业利润的稳定实现，形成自己的核心竞争优势，在市场竞争中立于不败之地。

二、企业经济管理中存在的问题及对策

每个企业的生产经营活动，既受内部条件的制约，又受各种外部条件的制约，当下，几乎没有企业可以在经济管理方面做到尽善尽美，不管是哪一个管理环节，总会存在这样那样的问题。

（一）控制与审核

伴随着电子、数字科技的发展以及思想意识的变更，传统的企业经济管理模式在控制与审核方面已经落后太多。传统的企业管理理念和控制与审核方法，没办法使企业的各个组成部分和全部的相关因素进入通盘考虑的范畴，这就无法实现企业系统功能等于或者大于各子系统的功能。

现代化的企业管理中信息化管理重要性逐步增加，建立统一的管理信息系统是建设企业网络化的管理信息系统，实行公司内部控制制度建设的技术基础。企业管理的一体化，可以从源头上减少管理偏差或错误，规避企业经营风险；要高度重视内部文件的时效性，使员工及时看到最新的公司决策；对外要进行全面及时的信息收集，了解政府的法律法规及最新的政策，还要建立与客户的联系，使公司与政府及客户建立三方联系平台，并及时准确地传递给公司决策层。企业应按计划进行内部经济管理体系文件的审核，包括形成文件的经济方针和目标、经济管理手册，企业确定的经济工作程序，企业为确保过程的有效策划、运行和控制所需的文件，企业应对审人核员组成、资格、方法、范围、时间做出策划，经济管理的记录应符合策划的要求并得到有效实施与保持。内审的记录应保留，确保记录清晰，易于识别和检查，规定记录的识别、储存、跟踪活动对所采取措施的验证和验证结果的报告。

（二）人力资源管理

企业结构不能够配合企业战略的实施，没有对工作人员进行技能和经验的教育、培训，造成企业难以整合和提升企业内部的人力资源，出现员工离职率居高不下和核心员工离职的现象。

而激励机制的缺乏，也是造成人力资源不稳定的因素。缺乏有效的绩效评估制度，使人才的成长落后于企业的发展，让员工感到缺乏公正性，对企业丧失信心甚至产生抵触情绪，导致企业出现没有凝聚力、逼迫优秀人才走投无路只能选择离开的现象，从而造成企业面临人事危机。

人是企业运行的实际操作者。企业若想获得可持续发展，赢得未来的竞争优势，必须对企业中的人力资源进行有效的管理和开发，适当的教育、培训、技能和经验，确保从事影响经济管理工作的人员应是能够胜任的，确保从事影响经济管理结果的人员所必需的能力。企业规避人事风险中遇到的问题需要系统地解决，只有各方面在公正、公平规范的市场环境下，化解风险才有可能，企业发展必须建立完善的福利和社会保障制度，以解除员工的后顾之忧，比如说住房问题，解决了住房问题，就等于卸去员工身上一大包袱，从而能更安心于工作，打消许多人的跳槽念头，为企业的长期发展获得不断的动力源泉。还比如为员工投放医疗和养老保险。社会保险的作用就在于解除员工后顾之忧，积极投身于自己所从事的工作。解决后顾之忧的同时还须考虑员工的工作和生活环境问题，避免因基础建设引起员工工作不尽心，影响工作质量、工作效率、工作精力。

加强对员工素质的培养同样重要，企业想要发展，根本而言，靠的就是人，是企业的人才。企业培养人才应该从以下几个方面入手：提升员工的业务能力水平、开发每个员工特有的潜在能力、让员工加深对企业的认识和了解、积极努力地为企业培养和储备更多的人才。随着经济的发展，企业竞争力的体现往往体现在人才及人才知识和能力上面。

（三）企业生产过程

在企业生产的过程中，不管是前期的采购还是真正投入生产的过程，都存在一些不可预知的因素，而这些因素可能会影响到整个生产目标的实现，为确保企业在一个较长的时期内有较好效益并持续发展，所以须采取一种稳定的经济管理模式。

1．采购。企业应确保采购活动符合经济管理的要求，在确保质量的情况下实行利益最大化，要在采购时实行招标制度和招标企业资质审核，包括供方的信用状况、经济实力、经济管理状况、计量方式、运输手段等，并实行对采购方式、采购程序及供方的履约能力等的评价。制定相应的评价准则，保存评价记录。在交货阶段，应对国家有规定的计量器具如磅秤进行定期检查，保证其准确性，保证交易的公平性，保护买价及卖家的权益。现在很多的企业都实行信息化管理，在实际的应用中要对使用的计算机软件进行确认，必要时要再确认。

2．生产。企业在生产之初一定会制定生产计划及目标，但是在生产过程中可能会有一些不可预知的因素，可能会影响生产目标的实现，所以企业应采取措施，消除不合格的原因，防止不合格的再发生，而且应该评审，确定原因，确定所需措施，企业应采用适宜的方法对经济管理体系过程进行监视和测量，以证明过程实现所策划的结果的能力，记录并评审所采取的纠正措施的结果以确定经济目标的实现程度。在适当的评审措施之后，为了防止不符合标准的发生，应积极预防措施。企业应确定措施，对过程、结果监视和测量及内部审核，以消除潜在的不符合的原因，其中发现的不符合应采取以下措施加以处置：一是采取措施，消除已发现的不符合；二是同顾客或相关方协商接受不符合；三是采取措施防止不符合的蔓延。不符合的性质及随后采取的任何措施的记录予以保存。企业应采取措施消除不合格的原因，防止不合格的再发生，根据记录及评审结果重新制定程序，消除不符合的原因，采取措施防止不符合的蔓延及再次出现，然后保存记录，并对不符合的原因及措施进行分析。评价新措施的可行性及效果，对产品质量进行分析检测，建立数据，进行审核评价。

企业经济管理包括企业的内部控制和审核，人力资源，生产过程等多方面的管理，优质产品离不开全面经济管理。面对今天竞争激烈的市场，企业只有用科学的经济管理体系去管理企业的经济活动，建立完善的内部控制和审核系统、信息化系统、生产系统等，才能牢牢把握用户对产品质量的需求。通过科学的经济管理，有效整合人力、物资及生产，把握质量、品牌、市场三者之间的关系，才能保证企业健康和可持续发展，使企业的利润保持稳定的实现。

第三节　现代企业经济管理的创新策略

一个企业的精髓所在就是该企业的经济效益，这不但是判断某个企业运行是否良好的关键标准，而且是企业之间相互竞争的依据，而提高资金使用效率正是提高经济收益的前提条件。因此，加强企业经济管理提高资金使用效率在企业经营的过程中占据着核心地位，是每个现代企业不可忽视的一个重要问题。

随着经济全球化与一体化进程的不断加快，市场竞争日益激烈，在此时代背景下，企业要想在竞争中脱颖而出，必须不断更新设备设施，提高经济管理水平，不断创新，让企业的经济管理更好地服务于生产经营，认识到经济管理的创新对企业发展的重要性，但目前我国企业的经济管理过程中还存在不少问题。

一、企业经济管理创新的重要性

随着现代企业的不断涌现，在企业管理方面的经验也在不断得到积累和丰富，对于企业所面临的种种问题也在各个企业精英的思考和探索中得到解决。当下，对于如何加强企业经济管理提高资金使用效率也正是众多企业亟待解决的一个重大问题。

（一）经济改革的要求

企业经济管理作为优化和整合企业资源的重要手段，从一定程度上来讲，可以将其看成是一种生产力的表现形式。当今市场经济处于高速发展的时期，科学技术的更新也日新月异，知识经济和互联网经济在当今社会中的作用也不断凸显，企业在新经济时代下，如果不加强对经济管理创新，就会落后于其他企业，不能适应时代发展和市场经济的发展，在竞争中也会处于不利地位。

（二）企业发展的需求

对于不同的企业而言，其经营的环境和管理体系上也是不同的，但是影响企业经营环境和管理体系的因素是基本相同的。首先，企业经营环境和管理体系都受到了全球经济化趋势日益加强的影响；其次，受到了以知识经济为主体的新经济发展形势的引线；最后，还受到了互联网技术发展的影响。在外部环境影响下，企业面临外部环境的逐渐开放，企业在国际市场中的竞争压力也越来越大。就当前来说，新经济环境和新经济形势对企业来说，既是挑战，也是一种机遇，企业要加强竞争实力，必然要创新经济管理，才能不断地发展和进步。

二、企业经济管理的职能

随着企业的各项制度的不断完善，组织结构的不断建立健全，作为企业管理核心内容之一的经济管理，其具体的管理和职能的内容也在发生着变化。就企业的经济管理职能的含义而言，其实就是企业的经济管理通过企业的再生产环节而体现出来的所具备的功能。具体一点说，经济管理的职能由两方面的内容决定，一方面，是指财务工作的本质的影响；另一方面，是指来自管理的理论和实践发展的影响。由于现代社会的经济利益体制及关系的逐渐丰富，企业给经济管理划定的范围逐渐扩大，同时，也给经济管理的职能赋予更多的可能和更大的权限。经济管理的主要职能体现在这样几个方面：首先，财务计划职能，主要体现在规划和安排未来某一个时间段的财务活动。其次，财务组织职能，主要体现在科学地对财务系统中相关的各种因素、各个部分等按照一定的顺序和关系进行合理地组织整理。再者，财务控制职能，这一职能的设立是十分有必要的，这是为了实现对财务工作中的失误和偏差的及时发现和改正。最后，财务协调职能，这是为了避免一些不必要的财务纠纷，从而利用各种合理的财务协调手段和途径等来维护企业良好的配合关系，以及舒适的财务环境。经济管理自从被企业管理独立划分出来并得到广泛使用以来，其职能得到了相当快速的发展。

三、当前企业在经济管理中存在的问题

（一）缺乏有效的经济管理控制

企业在经济管理中虽然制定了相应的管理制度，但是这些经济管理制度在实际管理过程中却没有得到很好的应用，缺乏执行力度，大多流于形式，使得经济管理不能有效发挥出价值。面对当前经济发展的现代，企业管理制度与企业实际经济水平比较，还存在缺乏均衡的问题，经济管理制度对于企业经济发展过程中存在的一些问题，不能及时有效地处理。

（二）企业经济管理组织结构存在问题

企业在经济管理组织上还比较松散，缺乏战斗力。企业要实现良好的经济管理，发挥好经济管理的作用，离不开专业的经济管理人员。但是，就当前企业来说，在经济管理上还存在经济管理组织机构中专业不完善等问题，企业经济管理人员综合素质也不高，这些因素都严重地影响到了企业经济管理质量的提高，也制约了企业的发展。

（三）企业在经济管理观念上还比较滞后

企业经济管理观念直接影响到了企业经济工作的开展，在传统的经济管理中，企业重视的是如何实现利益的最大化，忽略了以人为本的管理理念，但是在新的企业经济管理中，要求在重视企业利益的同时，也需要坚持以人为本的管理理念，在实现企业可持续发展目标的前提下，推动企业经营效益的最大化。当前企业经营管理并没有认识到这一点，使得企业管理和发展比较粗放。

企业经济管理创新必须重视经济管理制度创新，因为制度能够约束企业经济管理。经济管理制度的创新不但能够采用约束性的条款，让企业在市场经营中形成个高效的经济团体，建立企业内部经济团体构架在企业自己承担盈亏的前提条件下，让企业产品开发处处体现创新，展示活力。而且企业经

济管理的制度创新还能够在企业内构建激励体制，使企业的发展不受限制与约束的阻碍，也避免因为企业过多开放而出现的种种风险。除此之外，企业经济管理的制度创新的规划、协调与控制要以企业的日常生产经营为依据，形成企业全面的经济管理制度格局。要将制度创新在企业生产经营中科学合理计划组织，提升企业经济管理制度的约束和控制能力。

四、现代企业经济管理中的创新策略

（一）企业经济管理理念创新

思想观念的转变、思想理念的创新都是企业经济管理理念创新的先导，要正确理解企业经济管理理念创新的概念，切实贯彻理念创新。纵览我国企业现状，陈旧的经济管理理念仍阻碍着我国企业经济管理的发展，大部分企业管理者思想观念落后，思想更新意识薄弱，竞争意识、危机意识不强。所以，企业要大力倡导理念创新，把理念创新视为经济管理创新的根基，日后的其他管理创新机制都要以理念创新为指导。企业经济管理理念创新不仅纠正了陈旧的、过时的思维模式，还通过独特的视角、思维方法、管理机制为企业经济管理创新提供指导，在企业里树立创新管理与科学管理的理念，真正做到创新管理，让企业的生产经营在理念创新的道路上越走越远。

（二）加强对企业经济管理理念的创新

企业要实现经济管理的创新，首先就要实现对企业经济管理理念的创新。只有企业掌握了现今的管理理念，才能更好地带领企业的员工实施创新活动。企业高层领导对此也要引起重视，可以在企业内部营造一种积极向上的创新环境，让企业所有员工在创新氛围的感染下，积极地学习和创新，掌握必要的创新知识和创新能力。在当前市场经济环境发展的新形势下，企业在市场中的竞争压力也越来越大，因此，企业应该建立一种危机意识和制定战略管理机制，从市场环境出发，结合企业当前存在的实际问题，做到统筹全局。

（三）加强对企业经济管理制度的创新

企业要实现管理，离不开企业制度的支持，企业在经济管理创新中，也受到了企业管理制度的制约。因此，企业要实现经济管理的创新，就要加强对企业经济管理制度的创新。首先，应该坚持以人为本的人性化管理机制，为企业员工创造良好的发展条件，加强对人力资源管理的重视，完善人力资源管理制度，建立健全的监督机制和决策机制，并让企业所有员工都积极参与进来，调动员工工作的积极性。

（四）加强对企业经济管理组织模式的创新

在企业经营发展的过程中，经济管理组织在其中也发挥着巨大的作用，实施有效的经济管理组织可以提高企业经济管理效益。因此，企业要认识到企业经济管理组织模式的重要性，加强对经济管理组织模式的创新。首先，在管理组织的建设上，要实施柔性化的管理方式，促进管理组织的多样化；其次，要实现企业经济管理模式的扁平化，简化企业组织层次，提高企业经济管理效益；最后，要促进虚拟化管理机制的建立，借助先进的计算机技术对经济管理组织进行合理的规划，实现对经济管理信息的整合，从而建立起一种无形的经济管理机制，促进企业经济的发展。

随着经济全球化进程的加快和市场经济改革的完善，企业也面临着巨大的竞争压力。创新作为企业发展的基本动力，在当前经济发展的现代下，也是企业提高竞争实力的基本途径。企业要想在当下获得更好的发展，提高企业在市场中的竞争实力，就必须对经济管理引起重视，针对企业当前存在的问题，制定出有效的经济管理创新对策，不断提高企业经济管理水平。

第七章　多元视角下企业经济管理的创新策略

随着我国经济的高速发展，我国的中国特色社会主义也进入了新时代，经济的发展模式也转为高质量发展，同时也要优化经济的结构，在新时代也迫切需要改变我们的战略目标。所以我国的企业也要跟紧时代的步伐，在企业的经济管理的方式上也要谋求创新，不断改革，学习和成长。在新的时代寻求新的企业管理思想和管理制度。

第一节　新媒体时代下企业经济管理的创新策略

一、新媒体时代对企业经济管理创新的影响

新媒体时代的快速发展，不仅带来了信息的自由沟通和信息全球化，还促进了经济的全球化的发展。新媒体时代的到来使得信息的传递更为快速、敏捷，更是突破了时间、地域的限制，打破了原有的故步自封模式，为企业的发展带来无限可能，对企业经济管理创新带来不可忽视的影响。

（一）优势

企业的发展应与时代的发展相结合，与时俱进。在新媒体时代的背景下，信息传播更迅速和方便，信息传递的范围也越来越广泛，为企业的经济发展带来更为广阔的空间，由于信息交流的速度越来越快，省略了许多信息

传播的中心环节，实现信息的实时同步，也就提高了企业的工作效率。

企业内部之间的信息交流的畅通让企业各部门之间的联系更加紧密，增加了员工之间的交流，公司也可以与每位员工零距离沟通，听取员工意见，及时反馈，并且还能帮助企业员工对企业的各种动态更为了解，增强企业内部的凝聚力，增强员工的归属感。也使得员工的视野更为开阔，使员工可以在第一时间获取行业信息和企业的发展情况。

信息，对于公司经济管理来讲是最为关键的，及时地获得信息，并在第一时间做出反应，可以为企业带来更多的机会和效益。新媒体下，信息传递的敏捷性就解决了这一关键问题，不仅使得企业对于同行业的发展动态可以实时掌握，并对于同行业的企业的了解程度也不断地深入，“知己知彼，百战不殆”，对自己对手的了解程度也影响着企业的竞争力，而且对国家的新政策也可以在第一时间甚至更为提前的了解，以便及时做出应对措施，提高企业的灵活度。

（二）劣势

事物的相对性标志着新媒体时代为企业的经济管理带来的影响不仅仅有好的方面，信息的快速传递的敏捷迅速带来的还有一些无法掌握和不可预见的问题。新媒体下的信息传递不仅有快速、广泛等特点，还有不可选择性，就是在所有的信息都摊开在群众面前后，对于不想让人知道的信息也同样地被晒在阳光下，隐私信息就不存在了，这种状态下企业内部矛盾也极容易引发，多元化的信息和观念也在逐渐地改变着人们的思维方式、行为习惯，企业员工之间的关系也变得极不稳定，企业员工之间假公济私、消极怠工的现象也随之增加，甚至还极易引起公司机密的泄露，稍有不慎就会造成难以预测的后果。

传播越来越自由，沟通越来越随时，带来的一些问题也是无法避免的。企业员工之间容易拉帮结派，工作和生活没有了特定的界限，企业之间的信息流通不受约束，新媒体为企业带来竞争对手的信息的同时也会将公司的信息透露给竞争对手，因此在这种信息共享的状态下企业经济管理者如何有选择地运用信息，也是对企业管理者的考验。

（三）机遇

新媒体的发展对企业的经济发展也带来了更多的机遇，特别是使得网络营销快速发展。新媒体时代下，信息的传递更为广泛，打破了地域的桎梏，为网络营销带来极大的便利。网络营销的成本低、覆盖率广、互动性强等优势，成为新媒体条件下的重要的经济活动，所以越来越多的企业都加入网络营销的行列之中。阿里巴巴集团的淘宝网，是中国最大的网购零售平台，拥有近5亿的注册用户数，每天有超过6000万的固定访客。随着淘宝网规模的扩大和用户数量的增加，淘宝也从单一的C2C网络集市变成了包括C2C、团购、分销、拍卖等多种电子商务模式在内的综合性零售商圈，成为世界范围的电子商务交易平台之一。网上购物已经渗透到人们的生活，阿里的网络运营成功的经验告诉我们，网络经营已经发展为新媒体时代下的重要经营部分，所以企业管理者必须要认清网络运营的作用，结合企业内部经济需求，与新时代的互联网运营相适应。处于网络化、信息化程度高度发达的新媒体时代，企业对于组织结构的改造应和网络信息化工具的改造相结合，使两种改造相辅相成，发挥更大的效用。

首先，新媒体时代带来的信息全球化，为企业带来更广泛的发展空间。其次，信息技术的高度应用，信息资源的高度共享，使每个人每个企业的智力潜能、经济潜能以及社会物质资源潜能被充分发挥，个人的行为，企业的组织结构、组织决策和社会运行趋于合理化的理想状态。再次，新媒体时代下的信息全球化，促进了经济的全球化，而经济的全球化将世界各国连成一个整体，各国之间的依赖性增强，生产要素也在世界各国快速流通，弥补了我国国内的资金短缺、技术落后等短板，为中国参与经济全球化提供了一个相对缓和的环境，迅速实现技术进步、制度创新和经济发展，也为国内的企业在国际上的经济发展提供了强大的契机。所以企业管理者一定要抓住机遇，及时调整企业组织结构，调整企业的经营模式，并且及时地转变企业员工的心理状态，与员工一起携手为企业的经济发展共同努力。

（四）挑战

新媒体时代带来的信息爆炸给企业带来很大的挑战，就要求企业更快速、更准确地收集内外部有用的信息，并进行快速反应。目前信息的过度泛滥为企业搜集准确有用的信息带来极大阻碍，在信息的爆炸时代，“我们离真相越来越近，还是越来越远”的思考此起彼伏。有人说“如果想要隐藏一片树叶就把它藏进森林，如果想要隐藏一个谣言最好让它满天飞”，这句话，深刻反映了新媒体时代下信息爆炸的现状。企业如何在虚假信息和无用的信息的森林里寻找那一片有用的树叶，无疑是对企业管理者提出的更高的要求。

经济全球化背景下，网络新媒体的发展正在逐渐地改变现代企业的基本商业运作模式，对于企业来讲这是一种机遇，也是一种挑战。企业的优势信息很容易被同行业的对手获取，对手很快就会采取措施提高他们的竞争力，因此企业内部的核心竞争力很难保持，就得要求企业时刻保持警惕，灵活转变。再者，人才仍是这个社会制胜的关键，但是由于信息的广泛参与性使得企业员工的视野宽阔，“择优”的思想使得企业人才跳槽频率增大，所以企业管理者必须要充分认识到员工参与管理的重要性，必须制定出适合企业发展、留得住人才的员工参与管理模式。

随着新媒体的快速发展以及经济全球化进程的不断加快，企业要想在企业之林立于不败之地，就要不断地创新和发展，新媒体的崛起是一把双刃剑，在带来社会进步的同时也必然会带来负面影响，企业要从各个方面抓住新媒体带来的优势和机遇，正视企业劣势，积极地应对挑战，建立完善的经济管理制度，构建强大的经济管理体系，提高企业综合能力，以促进企业的长期生存发展。

二、新媒体时代下我国企业经济管理的出路

随着现代企业发展得越来越完善，企业之间的竞争也日趋激烈，为了能够在竞争中占据优势，推动企业的不断发展，一定要做好企业的经济管理工作。

（一）新媒体时代下我国企业在经济管理过程中面临的主要问题和困境

1. 现阶段我国许多企业管理者对经济管理的认识不够清楚

现阶段在我国许多企业中，拥有长远眼光和全局眼光的领导者严重不足，大部分领导者对于新形势下和新情况下的经济管理认识严重欠缺。很多经济管理者的眼光仍然局限在企业怎样盈利上，对于企业的人力资源、财务、市场、宣传等方面的管理及建设没有给予足够的重视，致使企业的发展出现严重的不同步现象，如企业为了盈利往往在市场上做得很好，而在人资和财务等方面建设投入的力度不够，使得企业不能够实现长远的持续的发展，某一方面能力的严重不足都有可能会拖企业发展的后腿。

2. 企业的内部结构不够科学

很多企业在创业初期，工作人员都比较少，所以分工不够明确，因此监管体制也不够完善，一般都是用比较简单的方式来进行管理，甚至有时候都没有相应的管理制度，完全依靠员工的“自觉性”。因为缺乏健全的管理机构，也没有完善的组织结构，就造成企业员工之间的分工不够明确，相应的权、责、利也不够明确。这样一来，企业在管理上面存在缺陷，就无法吸引到优秀的人才来企业。尤其是目前很多企业都缺乏优秀的科技人才及管理人才。现有的技术人员，虽然是经过培训才能够上岗的，但是其文化水平都不够高，也缺乏创新能力。这样，也就无法满足企业发展对于人才多样性及复杂性的需求，从而影响到企业的生存与发展。

3. 经济管理方式落后

在企业管理中一个较为有力实现企业资源的就是企业经济管理方式，假如企业管理的方式较为落后，那么企业很难完成复杂的任务，这就显示出了管理效率低下的后果。另外，企业中管理也是不可小视的生产力，在企业经济管理中落后的经济管理工具会影响企业经济管理生产力。虽然现在企业对自身的管理模式进行了相对应的调整，但是，之前的经济管理模式还是会有多多少少的影响，在经济管理中没有改变原有的管理方式，会导致企业的经济管理不能与现在的经济环境适应，不仅阻碍了经济管理水平的提高，还会影响企业的发展。

4. 企业的外部组织结构不够完善和健全

（1）我国的很多企业权责不够明确，企业内部的项目部门之间不够团结，存在相互攀比的现象，也没有明确的业绩衡量指标。长此以往，企业内部的员工会失去斗志，影响到员工的工作效率，进而影响到企业的经济效益。

（2）由于企业的某些部门的利益和费用的节约之间没有直接的关系，所以这些部门在面对困难时无法做到积极地去解决困难和矛盾，从而加大了相关的费用和成本。

（3）企业没有建立起完善的风险利益机制，在面对不同的竞争时没有相应的对策和手段，尤其在出现紧急情况时不能够迅速地采取有效的措施，所以在市场竞争中缺乏实力和优势。

（4）企业内部没有系统和完善的人力资源管理体系和制度管理体系，也就无法建立起有效的激励和约束机制，不利于对人才的监管，也不利于新人才的引用。

5. 不能适应新情况的要求

在企业经营中，企业进行生产经营活动的目的就是为了提升自身的经济效益，在企业经济管理中，企业要设有专门的管理部门进行组织管理，同时，企业的组织管理要随着企业的环境变化而变化。到目前为止，大多数企业也设置了经济管理部门，但是经济管理部门在管理的过程中跟企业的各个部门之间联系得不是很频繁，更没有进行一定的交流和沟通，这就导致了经济管理部门对各个部门的情况了解得不全面。再者就是因为经济管理部门岗位设置的不合理而影响了企业的正常、积极管理秩序，使企业的经济管理效率也降低了。

6. 经济管理制度不完善

企业的经济管理制度的建设和完善决定着企业经济管理水平，在企业中，一个较完善的经济管理制度能有效地保证企业内部各项经济活动可以按照原有的目标井然有序的进行，进而保证各项经济管理目标的实现。现在，在我国的很多企业中，经济管理制度建设还存在着诸多管理方面的问题和不足，甚至有些企业在经济管理的过程中就是靠着企业管理者的经验和直觉进行管理，就根本没有指定什么经济管理制度相关的文件。当然了，有的企业建立了经济管理制度，但是建立的经济管理制度没有完善好，还是存在着很多问题，而且对于现有的经济管理制度落实力度也明显不够。这些问题的存在导致企业的经济管理制度执行力下降，并不能有效促进企业经济管理水平的提高。

（二）新媒体时代下我国企业经济管理的出路

1. 重视企业人力资源管理

人力资源是企业经济发展的第一资源，重视企业人力资源管理，充分调动员工的积极性是企业发展获得成功的关键。企业人力资源部门是对企业员工进行组织管理的专门机构，而合理的人员任用和岗位分配，以满足企业经济发展需要是人资部门的主要工作任务。从企业经济发展的全局角度考虑，企业人力资源部门应当充分地做好招人、用人、留人的作用。具体来讲，人资部门的工作应当服从企业经济发展的大局，积极为企业招聘合适的人才、紧缺的人才。用人是人资部门要根据工作岗位的特点和员工的能力结构，以最大化发挥员工的才能和满足工作岗位的要求为目的，做好人员分配和岗位分配。留人就是要根据市场的条件满足优秀员工的需求。

2. 尽快建立适合企业现状的经济管理制度

经济管理制度是企业进行日常经济管理的依据，是保障企业经济目标实现的规章制度。企业要想取得较好的发展首先应对自身的情况有一个全局的了解，弄清楚企业的不足和企业的优势，根据企业现有的不同工作岗位和工作任务制定符合实际情况的管理制度，把企业的各项工作流程化、规范化，使企业的一切经济活动有章可循。保障企业的经济管理工作按照管理制度顺利实施，必要的监督制度是必需的。企业应当对员工的日常行为和工作规范进行约束，对于经营管理过程中出现的问题及时进行处理，以及时的响应，合理的处理方式，最大化的降低企业损失，确保企业发展的持续性和快速性。

3. 转变经济管理理念适应新的发展要求

转变企业经济管理理念是新的市场形势和新的发展趋势对企业经营管理的要求。企业经济管理想要做出成绩，首先必须对企业的经营管理理念做出调整。一方面，企业领导者要对经济管理的重要性有一个深刻的认识，在经营管理决策制定过程中要具有长远的眼光和全局的视野，不能仅仅关注短期的眼前的利益，应当从长远发展的角度考虑问题。另一个方面，仅仅企业领导者认识到经济管理的重要性还不够，还需要通过各种培训教育和宣传手段，让全体企业员工对经济管理的重要性有一个清醒的认识。通过各种有效途径不断更新他们的工作观念，使其在具体的工作过程中能够自觉规范自己的行为，主动地履行企业的经营管理制度规范。

4. 加强企业的文化建设

企业的经济管理要以人为本，要想企业的工作人员有凝聚力，就要注重企业文化的建设，通过多种宣传方式将企业文化灌输到每位员工的思想中去，这样才能够让他们更加积极努力地工作。

第二节　“互联网 +”视域下企业经济管理的创新策略

一、企业经济管理模中式存在的问题

（一）企业经济管理观念落后

当前，大部分企业都存在经济管理理念较为陈旧的问题。企业领导层和企业员工都没有给予经济管理足够的重视，并没有跟随时代变化加强信息化、智能化建设，开展经济管理工作时仍是运用传统的管理模式，进而阻碍了企业自身的发展。同时，部分企业盲目引进现代化管理理念，将其他企业的经济管理模式生搬硬套到自身企业，并没有结合企业自身的实际情况进行分析，从而导致其与自身企业不符，引发各种问题。此外，一些企业虽然认识到了经济管理的重要性，但并没有借助现代信息技术去拓展经济管理领域，导致经济管理工作过于形式化，缺乏深度，无法为企业的战略发展提供

助力。

（二）企业经营管理制度不够健全

在当前“互联网+”时代背景下，企业为了提高经济管理的有效性，就必须要建立完善的管理制度，构建现代化、系统化的管理机制。但在实际的工作中，部分企业的管理制度仍不够健全，存在不同程度的管理漏洞，没有结合信息技术对管理制度进行完善，导致营销管理、财务管理、人力资源管理等方面都存在不少的问题，严重影响了企业的生产经营，无法有效规避发展过程中的风险。

（三）缺乏高素质经济管理人才

目前，企业经济管理人才匮乏问题较为严重，许多企业都忽视了经济管理队伍的建设，忽视了对经济管理人员的培训工作，导致经济管理人员缺乏先进的知识理论和管理方法，进而影响了经济管理的效率。同时，企业缺乏完善的绩效考核制度，无法有效吸引更多优秀人才的加入，并且还会造成自身企业人才的流失，严重影响了企业的可持续发展。

二、“互联网+”环境下企业管理创新的意义

随着“互联网+”时代的到来，企业若想保持自身的市场竞争力，就必须要积极创新经济管理模式。经济管理是企业管理中的重要组成部分，涵盖了企业各个生产经营环节，这就需要企业充分结合社会发展趋势，对自身进行重新定位，探索出适合自身发展需求的经济管理模式。企业需要加强现代信息技术与经济管理的结合，借助信息技术准确把握市场的变化，从而根据市场需求对生产经营进行合理的调整，进而保持自身的竞争力，提高经济效益。随着全球经济一体化的推进，企业发展也迎来了国际化，在此转型的关键时期，如果对经济管理进行积极的创新，那么就能借助互联网技术准确的抓住机遇，不断提升自身的管理效率，实现整体实力的提升；而如果缺乏对经济管理的创新，那么必定会产生诸多问题，无法适应社会发展需求，久而久之难逃淘汰命运。因此，对经济管理进行创新具有十分重要的意义。

三、“互联网+”时代企业经济管理的特点

（一）营销对象变革

传统的企业生产经营模式大多是大批次、大批量的模式，虽然我国消费者的数量十分巨大，但却无法满足消费者的实际需求，很难受到消费者的青睐，进而影响了企业的经营。在当前“互联网+”时代下，企业可以借助互联网与消费者进行实时互动沟通，了解消费者的个性化需求，销售对象转变为了消费个体，通过对不同消费者制定不同的营销策略，能够为消费者提供具有特色的服务，进而提高消费者对企业的满意度，逐渐转变为企业的忠实客户，自发地将企业产品介绍给他人，实现企业销售量的增长，提高企业的经济效益。同时，这样的方式也进一步加强了企业与消费者之间的联系，对企业的可持续发展有着积极的作用。

（二）营销基础变革

当前时代下，企业营销理论发生了极大的转变，不仅要了解消费者的需求，为消费者提供良好的服务，强化彼此间的交流，同时还需要合理控制营销成本。企业需要站在消费者的角度考虑，对消费者心里可能承受价格、购买意愿以及所花费的时间等进行全面的考量，倾听消费者的心声，进而在售前、售中、售后都能为消费者提供优质的服务。这样对提升企业的核心竞争力，适应和占据市场有着积极的推动作用，最终使企业成为行业中的佼佼者。

（三）营销方式变革

互联网不仅为企业与消费者之间构建了良好的交流平台，同时还为企业的宣传提供了渠道，能使更多的消费者了解企业的产品和服务。这样的方式转变了传统的营销方式，企业由间接营销转变为了直接营销，能够直接了解消费者的需求去制定合理的营销计划，这已经成为当前时代的基本要求。同时，企业通过对大数据的整合分析直观了解营销成效，并通过客观的评价对营销方式和内容进行优化调整，进而不断提高企业的经济效益，保证企业健康、稳定的发展。

四、“互联网+”下企业经济管理模式创新路径

（一）加强管理思维创新

在“互联网+”背景下，企业若想在市场中占据一席之地，首先就必须要对经济管理理念进行创新，打破传统经济管理模式的束缚。企业必须要认识到现代科技产物的重要性，并将其与经济管理进行有机结合，使经济管理呈现现代化、智能化，从而提高工作的效率和质量，并且还能降低人员的工作压力，保证经济管理的精准度。其次，强化经济管理人员的创新意识。企业需要深入贯彻以人为本的理念，充分的尊重员工的主体地位，满足员工的实际需求，调动员工的积极主动性，引导员工参与到经济管理之中，利用现代信息技术手段掌握市场变化，并结合企业自身发展对经济管理进行大胆的创新，合理分配企业资源，为企业的发展奠定基础。最后，企业要具有长久发展的战略眼光，不能只注重眼前的利益，要保持忧患意识，不断地对经济管理工作进行总结，分析遇到的问题及影响因素，采取合理的方式解决问题，并且要多思考、多质疑，这样才能有效加强管理思维的创新，保证经济管理工作的稳定开展。

（二）加强管理机制创新

要想实现企业经济管理的创新，不仅需要加强思维意识的创新，同时还需要加强管理机制的创新，健全经济管理制度，从而为经济管理工作的开展提供依据，更好地去约束工作人员的行为，明确各岗位、各人员的职责，最终实现企业经济管理的创新。“互联网+”为企业经济管理机制的创新提供了极大的便利，企业可利用互联网去借鉴成功企业的经济管理创新经验，结合自身企业实际情况进行完善，制定出符合自身需求的管理机制，使经济管理工作更好地开展和落实。例如，在营销管理中，企业借助信息技术，能够实现对信息数据的收集和分析，从海量信息中挖掘存在的价值，分析市场消费者需求，从而有针对性地对产品、服务等进行完善，更好地促进服务转型，并且还能为产品的研发提供数据参考，有效提升了企业的经济效益。同时，在财务管理中，通过对相关财务数据进行定性和定量的分析，能够为企业的投资活动提供帮助，并且能够优惠资源配置，帮助企业规避风险，提高

信息数据的利用效率。

（三）创新管理平台

企业需要借助网络技术搭建全新的经济管理平台，注重提供良好的技术支持和服务支持，加强大数据统计分析的应用，做好日常生产经营数据信息的采集，并且及时对数据进行分析和统计，将结果反馈给企业的管理者，管理者通过对分析结果中存在的异常进行探讨，从而了解影响企业发展的因素，及时地做出调整和部署，进而在管理上得到有效的突破，使经济管理模式呈现出多元化的发展方向，管理内容朝着资产管理、资金管理、风险管理以及企业发展管理方向拓展。同时，企业将“互联网+”技术应用到经济管理平台中还可以实现信息数据和资源的共享，能够实时对管理过程进行监管，及时地发现运营风险，并且有效地进行规避和控制，使企业损失控制在合理范围内。此外，企业在搭建经济管理平台时，还需要强化信息资源的利用率，充分地发挥各种资源的优势，使经济管理工作更加的系统化和多元化，并借助第三方机构获得更多的消费群体，有方向地调整和创新经济管理模式，进而不断促进企业的健康、稳定发展。

第三节　经济新常态下企业经济管理的创新策略

一、经济新常态下企业经济管理的现状分析

企业经济管理主要是指企业针对经营方面的策略与活动而采取一些前期指挥、规划和监管的措施，以此提高自身的层次，获得更多的发展空间和利润。在经济新常态背景下，企业经济管理过程中出现了诸多问题，严重影响自身的良性发展，具体表现为以下几个方面：一是内部组织结构不合理。大多数企业受组织成员知识水平和技术能力的限制，在经济管理组织结构方面不够合理，管理人才队伍的能力不强，忽视人才队伍的建设，致使组织结构相对松散，影响经济管理活动的正常开展。另外，企业在制定经济管理创新

策略的过程中，不能从经营的环境以及实际发展要求出发，策略过于超前，继而存在资源限制问题，无法实现良好的经济效益。二是管理理念陈旧。有些企业在经济新常态背景下仍然采用传统、陈旧的管理理念，没有充分认识到经济管理创新的重要性，过分强调短期利益的实现，而对长远利益加以忽视，仅仅只是利用生产和投资规模的扩大来增强生产效益。同时企业的危机意识不强，不能利用先进、科学的管理经验进行经济管理，不重视创新型人才的培养，无法准确分析国内外的经济形势，影响经济管理工作的顺利实施，不利于自身的长足发展。三是缺乏完善的经济制度。许多企业的经济制度难以匹配自身的实际发展，致使企业制度与其发展情况存在一定的差异，难以跟上企业经济的发展与更新速度；同时企业在经济管理方面缺乏有效的监督，长期面临利润亏损，影响经济管理制度执行的实效性，导致制度流于形式。

二、经济新常态下企业经济管理创新的重要性

由于企业经济管理涉及企业的内部审核、人力资源、生产技术等诸多方面，这就需要企业在经济管理中积极转变管理理念，从战略高度来进行创新，强化危机意识，加快内部机制的改革，从而构建现代化的经济管理制度，提高企业的市场竞争实力。通常经济新常态下企业经济管理创新的重要性主要表现为三点：

第一，适应时代发展需求。由于市场经济体制的深化改革，我国经济发展速度逐步趋向于平缓，但是企业在经济新常态下的经营发展中还存在不足，在经济管理方面缺乏完善的法律体系，依旧是以粗放型的管理模式为主，而经济管理的创新发展可以在很大程度上实现企业的现代化发展，满足时代的发展需要，提高经济管理效率与作业流程运作效率，实现自身的长足发展。

第二，提高经济效益。企业经济管理的创新不仅可以改变传统的管理理念，有效落实相关制度，实现短期经济目标，还能够明确企业发展定位，科学组织企业投融资活动，制定切实可行的战略部署，实现现有资源的优化配

置，增强企业活力，促进长期经济目标的有效实现。

第三，实现可持续发展。大部分企业在实际经营管理中都采用粗放式的管理模式，存在效益低下、管理混乱和资源浪费的现象，不能很好地适应市场竞争环境，影响自身的长远发展。而经济管理的创新可以从市场需求出发，构建效益型、人本型和集约型的管理模式，有效改进生产方式，实现自身的长足稳定发展。

三、经济新常态下的企业经济管理的创新策略

（一）创新理念

在企业经济管理活动中，思想理念发挥着先导性的作用，目前我国企业经济管理成效不高的重要因素之一就是管理理念的滞后，没有结合任务和形势加以创新，缺乏对先进理念的学习意识。在经济新常态下，企业的经济环境有所改变，这就需要企业积极创新理念，吸收与借鉴先进的经济管理思想，与时俱进，通过全新的思维模式及视角来进行经济管理活动，树立强烈的危机意识，增强人员的竞争意识和创新精神，进而为企业的经济管理活动提供完善的理论指导，实现企业的良性发展。

（二）创新制度

企业经济管理的前提与基础就是制度，企业经济管理的创新深受制度的制约，要想实现经济管理的创新发展，企业必须要从目前的经济形势出发，积极创新经济管理制度，构建科学完善的经营管理制度，突显经济管理制度的柔性特征，实现自身的稳定发展。首先，企业可以按照以人为本的理念，构建人性化管理机制，如绩效考核制度和奖惩制度等，为企业员工提供良好的发展条件，充分调动人员的工作积极性和创造性。其次，企业可以创建决策与监督机制，鼓励全体人员积极参与其中，增强人员的忠诚度和归属感，使其心甘情愿服务于企业，保证企业的生机与或活力。

（三）创新战略

在经济新常态下，企业的经营管理环境发生了明显的变化，这就要求企业结合这些变化来制定科学可行的发展战略，综合分析新面临的机遇和挑

战，积极调整发展目标，准确判断未来所面临的发展任务及形势，强化全局性与前瞻性，借助品牌价值与市场宣传等强化战略创新的实效性，提高自身的市场竞争力。同时企业对发展战略加以制定时，应该结合自身的实际情况与经营水平，使发展战略突出企业的特色，符合利润目标。除此之外，企业在构建和实施经济管理战略时，需要从市场经济发展状况出发，综合评价市场经济发展水平，认真考虑企业对外经济的开放程度，确保经济管理战略的合理性以及科学性。

（四）创新人力资源管理

人力资源管理的创新是企业经济管理创新的重要内容，已经成为必然的要求，这就需要企业从自身的实际发展情况，积极创新人力资源，以此实现经济管理的创新与发展。通常企业在创新人力资源管理的过程中，需要从文化建设方面出发，通过精神建设来增强员工的向心力和归属感，使员工认同企业的文化，为企业的繁荣发展贡献出自己的一份心力。同时企业需要不断完善与创新招聘和晋升机制，针对晋升与招聘中的不足来制定全新的管理手段，采取标准化和科学化的管理模式，保证职位晋升和人才招聘的规范性、公正性、高效性，有效完善人力资源管理。

（五）创新组织

在经济新常态下，企业传统的经济管理组织结构已经不再适应时代的发展，难以满足市场经济的实际需求，因此企业需要积极创新组织结构，将组织结构的效用加以有效发挥，合理缩减内部的职能部门，继而提高经济管理的水平，促进经济效益的良好实现。此外，企业可以优化创新垂直多层管理结构，对内部组织结构进行重新构建，更好地适应经济发展要求，保证信息传递时间的节省，以便及时反馈经营管理信息，提高决策的准确性与科学性。当然，企业也可以科学运用现代化的信息技术，积极调整管理政策，实现管理的数字化与信息化，确保经济管理活动的顺利实施。

第四节　知识经济背景下企业经济管理的创新策略

一、知识经济内涵的分析

“知识经济”，英语中被称为The Knowledge Economy。通俗地讲，知识经济就是以知识作为基础的经济发展模式。知识经济的出现是人类知识，尤其是科技方面知识的历史产物。1982年，东斯比特在其著作《大趋势》中提出了“信息经济”的概念，而美国的经济学家罗默和卢卡斯根据信息经济的概念，提出了新经济增长的理论。其中，罗默把知识的积累当成经济增长内在的独立性因素，认为借助知识能够提高投资的效益，因此，知识的积累是当前经济增长重要的动力源泉。而卢卡斯则认为：技术进步与知识积累的主要投射点应为人力资本。在他的新经济增长理论中，所有特殊的、专业化的、表现为劳动者技能的人力资本者才是真正促进经济增长的动力源泉。

在实际的生活中，知识是指人类在社会和生活中所创造出来的一切知识和技能的总称，其中包括科学技术、管理以及行为科学方面的知识。在传统经济管理思想中，劳动力、原材料、资本和能源是重要的内因，而知识与技术是影响生产的重要外因，知识能提高投资人投资的回报率，反过来，良好的投资回报又能促进知识的积累。因此，联合国经济合作与开发组织将知识经济的定义概括为：建立在知识与信息的生产、分配及使用方面的经济。

但在实际生活中，知识经济与信息经济既有着较为密切的联系，又有着一定的差别。这是因为知识经济关键的地方在于创新能力，只有通过信息的共享，同时与人的认知能力相结合，才能产生相应的效果，并促进新知识的出现。所以，知识经济更注重人的大脑和智能的发展。因此，信息经济为知识经济的发展提供了基础和必要的支持。

二、当前我国企业经管理创新方面存在的不足分析

（一）企业缺乏创新氛围

中国共产党第十九次全国代表大会报告提出：创新是引领发展的第一动力，是建设现代化经济体系的战略支撑。但长期以来，我国实行的是计划经济模式，受计划经济体制的影响，我国大多数企业，特别是国有企业，在创新方面的理解和认知存在着严重的不足。虽然近年来国家一直倡导自主创新，但很多企业为了自身的经济利益，往往不重视创新，甚至不接受创新，导致相关企业严重缺乏创新的氛围。

（二）企业员工缺乏创新意识

当前，我国大多数企业，无论国有企业还是私营企业，在进行经济管理的过程中，大都是采用领导者决策的传统管理模式，在这样的经济管理模式下，企业发展的决策权完全被企业的领导人所把持和掌握，企业的员工只能遵守领导者的决策，执行领导制定的路线、方针和政策，这样就导致员工无法在工作中发挥出自身的主观能动性，时间长了，他们的创新意识和创新能力被僵化的体制所扼杀，从而严重缺乏创新的意识。

三、知识经济下企业创新经济管理的重要意义

在企业生产经营的过程中，进行管理是为了达到一定的目标而制定并实施的一系列规则的过程，其本质是一种社会活动，而其作用是调动企业员工工作的积极性，以提高企业的经济效益。随着社会经济的发展，当前我国的经济已经步入到了发展的新常态，在经济发展新常态下，传统的企业经济管理方式已经不适应时代的发展，无法保证企业在激烈的市场竞争中继续健康、稳定和可持续地发展。因此，在当前情况下，创新企业的经济管理模式，使企业明确发展的目标和方向，同时，还要创新企业的各项规章制度，以激发员工工作的积极性，促使他们发挥出自身的主观能动性，为企业创造更多的经济价值，在激烈的市场竞争中赢得更好的发展，同时这样也能促使员工获得更好的发展。

四、基于知识经济下的企业经济管理创新与实践的策略

（一）更新企业经营的理念

在知识经济时代，企业要想创新经济管理的模式，首先要更新经营的理念，为知识经济发展营造出良好的环境和氛围。当前企业的经营管理模式已经严重滞后于时代的发展，但很多企业的管理者仍然抱残守缺，不思进取，这样就严重阻碍了企业的经济管理模式创新。因此，在经济发展新常态下，基于“互联网+”行动，企业必须更新生产经营的理念，重视信息技术在企业生产经营以及管理中的应用，同时引入大量的具有创新意识的高素质复合型人才，为企业的发展注入新鲜的血液，同时创新企业经济管理的制度，激励员工发动自身的主观能动性，正确认识个人的利益、个人的发展与企业的利益以及企业的发展之间的关系，从而实现企业各方面的创新发展，为企业的健康、可持续发展营造出良好的氛围。

（二）制定完善的企业管理制度

在知识经济时代，企业要想创新经济管理的模式，还必须制定出完善的企业管理制度，这是企业创新经济管理方式最重要的内容，同时这也是企业创新发展基础性的工作。在企业的管理工作中，完善的管理制度是保障企业各环节工作有序运行的基础和前提，所以，创新管理制度也就意味着企业创新了管理的工作方式，这样一来，就能在经济新常态下整合企业的内部资源，实现供给侧结构性改革的进一步深化，从而促使企业能够满足市场经济的变化和实时需求。因此，基于知识经济下的企业经济管理创新与实践就必须坚持“以市场为导向”的原则，制定完善的企业经济管理制度，构建完善的企业组织结构，使纵深化管理转变为扁平化的管理，增加上下级之间的交互，从而有效提高企业经济管理的运营效率，促进企业的健康、可持续发展。

（三）重视知识人才的培养

在知识经济时代，人才是企业发展最可靠的载体，为此，企业必须重视人力资源建设，重视知识人才的培养。为此，企业应从以下几个方面着手：首先，企业的高层管理人员必须具备创新的理念，能够利用更具创新精神的

人性化管理理念开展企业的管理工作，从而营造出重视人才并尊重人才的良好氛围，这样一来，就能充分激发并调动企业员工工作的积极性，促使他们发挥出自身的主观能动性，将自身的知识转变成生产力，提高企业生产经营的效率；其次，企业还要定期对员工的创新性思维进行培训，使员工能够更加充满激情地投入到工作当中；最后，企业还要适当引入人才，利用猎头公司挖掘适合企业创新发展的优秀人才，以增强企业的竞争能力，实现人力资源管理工作的创新。

（四）制定健全的人才激励制度

知识经济时代，企业要想创新并实践经济管理模式，还必须制定健全的人才激励制度。在实际工作中，激励制度主要的作用有两方面，一个是制约，一个是保护。其中，制约是在构建激励机制的过程中，促使员工了解并明确知识共享的重要性；而保护则是指进行有条件的知识共享，促使知识所有人能够获得一定的回报，同时也能获得相应的发展。

结语

创新是经济社会发展的趋势和必然要求，一个企业如果没有创新精神，这个企业注定不会走得长远。国家因创新而富强，企业因创新而获得原动力。随着我国经济发展方式的不断转变，要求企业经济管理工作进行优化和完善，特别是要在改革、创新发展方面下功夫。尽管当前我国一些企业经济管理工作还存在这样那样的问题，但都属于发展中的问题，企业只有正确认识经济管理创新的重要性，下真功夫、下苦功夫推动经济管理创新，才能使其取得更好成效。这就要求企业适应形势发展需要，更好地促进企业经济管理这个创新核心点，以便推动经济管理步入科学、健康、持续发展轨道，促进企业经济管理战略目标的实现。

参考文献

[1] 余光胜. 企业发展的知识分析 [M]. 上海：上海财经大学出版社，2000.

[2] 梁嘉骅. 企业生态与企业发展：企业竞争对策 [M]. 北京：科学出版社，2005.

[3] 魏杰. 企业战略选择：企业发展航标图 [M]. 北京：中国发展出版社，2002.

[4] 王守安. 企业发展要素论 [M]. 北京：企业管理出版社，2001.

[5] 格里菲斯. 企业管理经济学 [M]. 北京：经济管理出版社，2009.

[6] 曹建明. 经济法与现代企业管理 [M]. 北京：新华出版社，2002.

[7] 戴木才. 现代企业管理创新教程 [M]. 北京：中共中央党校出版社，2002.

[8] 张彦宁，蒋黔贵. 企业管理创新前沿 [M]. 北京：企业管理出版社，2005.

[9] 孟凡利，孔繁礼，张洪军. 现代企业管理创新研究 [M]. 济南：山东人民出版社，2003.

[10] 叶明霞. 新经济下的企业管理创新 [M]. 长沙：中南大学出版社，2007.

[11] 翟丽. 企业知识创新管理 [M]. 上海：复旦大学出版社，2001.

[12] 王建民. 企业管理创新理论与实务 [M]. 北京：中国人民大学出

版社，2003.

［13］张建刚，张晓梅. 新经济时代的企业管理创新［M］. 北京：新华出版社，2007.

［14］汤幼平. 转型期中国企业管理创新思考［M］. 北京：经济科学出版社，2012.

［15］苏敬勤. 中国企业管理创新研究［M］. 北京：科学出版社，2013.

［16］莫玲娜. 知识经济与现代企业管理创新［M］. 西安：电子科技大学出版社，2015.

［17］陆园园，薛镭. 转型期的企业管理创新研究［M］. 北京：人民出版社，2013.

［18］李振岳. 企业管理创新实践［M］. 沈阳：沈阳出版社，2012.

［19］周小虎. 嬗变环境与企业管理创新［M］. 北京：经济管理出版社，2008.

［20］侯先荣. 企业创新管理理论与实践［M］. 北京：电子工业出版社，2003.